Daniel Brun

Jouez avec
les énigmes
du code De Vinci

66 mots croisés

idées & envies

OUVRAGES CONSULTÉS :

**— Dictionnaire des symboles, des arts divinatoires
et des superstitions,**
de Gabriel Lechevallier, *Maxi-Poche connaissance*

— Récits et légendes des lieux mystérieux,
Maxi-Poche contes et nouvelles

Ouvrage réalisé par les
Éditions de la Seine

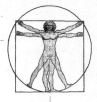

INTRODUCTION

Un récent best-seller a mis en évidence les liens entre l'histoire et l'ésotérisme ; il a aussi mis en lumière la part d'ombre de grands personnages et de hauts lieux que le grand public ne soupçonnait pas aussi étranges, aussi mystérieux.

Ces énigmes, ces secrets de notre culture, nous vous les révélons ici, du génial Léonard de Vinci à l'étrange prieuré de Sion, des parfaits cathares aux numéraires de l'Opus Dei, de l'église Saint-Sulpice, avec son méridien enchâssé dans ses dalles, à celle de Rennes-le-Château, consacré à Marie-Madeleine, de la disparition du trésor des Templiers à celle du Graal...

Et pour jouer avec ces énigmes, nous vous en proposons des nouvelles : 66 grilles de mots croisés (nombre dérivé de 666 qui est, rappelons-le, le chiffre de la Bête de l'Apocalypse et le nombre supposé – à tort – des facettes de verre qui constituent la pyramide du Louvre).

Autant de grilles plus faciles (forces 3 et 4) à ouvrir que le coffre d'une banque zurichoise, autant de codes à décrypter autres que ceux de Léonard de Vinci, mais tout aussi ludiques, afin de prolonger les plaisirs de la lecture...

Daniel Brun

Les vocables des grilles de mots croisés qui suivent peuvent être à l'endroit, à l'envers, ou abrégés, comme indiqué dans la définition ; ils peuvent aussi être des anagrammes, auquel cas le mot est généralement cité dans la définition, mais sous une formulation humoristique : ainsi, si dans votre grille apparaît le mot IRNENOU, ne le cherchez pas dans le dictionnaire, ce n'est qu'une anagramme de RÉUNION, d'où la définition volontairement ambiguë : « une réunion qui s'est mal tenue ». Le procédé de l'anagramme est désormais courant dans les grilles modernes de mots croisés, il permet d'ajouter au plaisir de décrypter la définition le piment du jeu de mots.

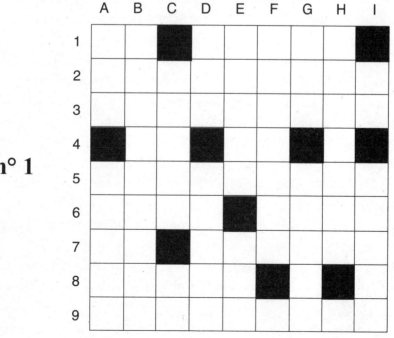

HORIZONTALEMENT

1. Son *Code* est désormais célèbre en librairie (2 mots).
2. Sa pierre, à l'extérieur d'un bâtiment, est fondamentale.
3. Alcaloïde de l'opium.
4. Obtenu. – Pronom personnel.
5. Appelèrent la biche…
6. Macéré dans l'eau, comme du lin. – Émotion.
7. Fleuve sibérien. – Rouspéteur.
8. Compositeur titulaire des orgues de Saint-Sulpice (1844-1937).
9. Cependant…

VERTICALEMENT

A. Romancier américain désormais célèbre (prénom et nom).
B. Désigne des micro-organismes privés d'air (singulier).
C. Grain d'avoine. – Vieille affirmation.
D. Un récipient renversé, et sans fond… – Magistrat français, prénommé François, et surnommé le *Père du peuple* (1560-1609).
E. Esclave à Sparte. – Une tranche de Parme.
F. Chassé, il revient au galop.
G. Romains. – Abrasif.
H. Une réunion qui s'est très mal tenue.
I. Fin de soirée. – Imprimés.

Grille n° 1

LÉONARD DE VINCI

Léonard de Vinci, l'un des plus grands artistes de la Renaissance italienne, à la fois peintre, sculpteur, musicien, poète, architecte, ingénieur et savant de premier ordre, est né au village de Vinci, près de Florence, en 1452. Il meurt près d'Amboise, en 1519. Une fausse légende veut qu'il ait expiré dans les bras du roi François Ier, qui l'admirait beaucoup.

Fils d'un notaire qui lui fait donner une éducation soignée, il révèle rapidement ses dons intellectuels et artistiques. Il apprend la peinture avec Verrocchio, l'un des maîtres de l'école toscane. Ses progrès sont tels qu'au bout de quelques mois, sa précoce supériorité aurait provoqué la jalousie de son maître qui, désespéré de se voir surpassé par son élève, en aurait renoncé à la peinture.

Assertion sans doute fausse ; ce qui est certain, c'est que Léonard, âgé de vingt ans, quitte l'atelier de Verrocchio, et s'installe, pour une dizaine d'années à Florence. Il s'y livre à des études de mécanique, d'hydraulique, d'optique, de géologie. Poète à ses heures, il chante ses œuvres. Bien fait de sa personne, beau, il est aussi un nageur infatigable, un brillant cavalier et un maître d'armes rompu à toutes les ruses de l'escrime et de la gymnastique.

La peinture n'est alors pour lui qu'une distraction, et il cherche surtout à appliquer à l'art son esprit inventif. Toujours en quête de procédés nouveaux, il fait des maquettes pour les figures qu'il veut peindre, afin d'en étudier le relief dans ses moindres détails. Sa science du clair-obscur et de la dégradation des tons est prodigieuse. Mais ce n'est que plus tard qu'il étudiera, avec une rare perspicacité, les effets des passions et des affections de l'âme humaine sur la forme et dans l'expression du visage.

Des œuvres attribuées à Léonard de Vinci pendant son séjour à Florence, peu nous sont parvenues, parmi lesquelles l'Ange du *Baptême du Christ* de Verrocchio, et l'*Adoration des mages*. Les autres ont été perdues, comme une *Vierge* propriété du pape Clément VII. Il

Suite page 8

HORIZONTALEMENT

1. La séquence de ce mathématicien de Pise donne la solution d'un numéro de compte bancaire…
2. Habite près de Jérusalem.
3. Roi de France (avec son chiffre… en lettres).
4. Prénom arabe. – Tellement ivre qu'il est à l'envers et a oublié son L.
5. Essayée. – Piles de pont.
6. Surmènent, au point de faire perdre le sens des lettres…
7. Comte révolutionnaire et préfet de police (1757-1834). – Abattre.
8. Dans la mélasse ?
9. Anatomiste et géologue danois devenu, au XVIIe siècle, évêque…

VERTICALEMENT

A. Spécialités de détectives amateurs de jeux de piste.
B. Peut être splendide pour l'Angleterre, pas pour le prisonnier puni.
C. Quand on assouplit une étoffe à la vapeur…
D. Voyelles d'oasis – Identique.
E. Bien venus. – À l'intérieur. – Article.
F. Son miroir est trompeur.
G. Prénom masculin italien. – Astuce.
H. Peintre de *La Montagne Sainte-Victoire*.
I. Inattendu.

Grille n° 2

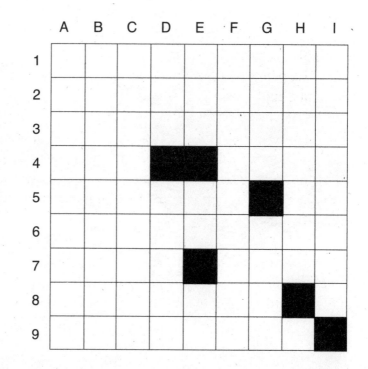

est vraisemblable aussi que le tableau du Louvre connu sous le nom de *Vierge au rocher* date de la fin du séjour de Vinci à Florence. Pendant cette période, il a fait un séjour à Rome, au cours duquel il a peint, dans l'église San Onofrio, une fresque représentant la *Vierge avec l'enfant et le donataire.*

Sa curiosité est insatiable ; il observe tout. Il fréquente les marchés et les tavernes, accompagne les condamnés au supplice, ou bien rassemble chez lui des paysans qu'il fait boire outre mesure. Il leur raconte alors des histoires drôles et profite de leur ivresse pour noter

Léonard de Vinci.

Suite page 10

HORIZONTALEMENT

1. Lui aussi, a hanté les couloirs du Louvre…
2. Dissertai…
3. Interjection de dépit. – Se taisent.
4. Vieilles vaches. – Beau métal.
5. Truffèrent.
6. Marcha de travers et à l'envers… – Explosif.
7. Moraliste français d'origine roumaine (1911-1995). – Pronom.
8. Capitale des îles Salomon.
9. Entourer.

VERTICALEMENT

A. Le commissaire du *Da Vinci Code*.
B. Assainissement, ou noire période à la Libération.
C. Superposerions des poissons salés.
D. Pluriel abrégé. – Dépôt.
E. Tête de homard. – Lettres de rabais.
F. Hargneux parce qu'il a la tête en bas ? – Lettres de narrateur.
G. Jachère. – Un âge sans consonne.
H. Principe suprême chinois, bien qu'inversé. – Direction.
I. Le bébé en fait, quand il est content.

Grille n° 3

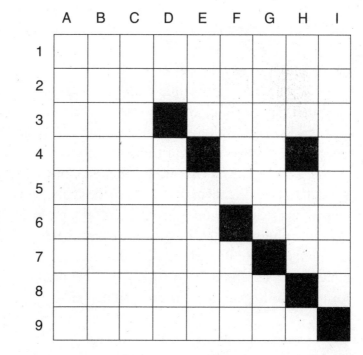

leurs gestes et contorsions. Sa robuste nature lui permet de braver les fatigues et de goûter les plaisirs. Il est fort recherché par la société florentine, brillante sous les premiers Médicis. Sa nature sympathique plaît à tous, comme son esprit, sa gaîté, sa libéralité. Lorsqu'il passe devant des marchands d'oiseaux, il n'est pas rare qu'il en achète pour les tirer lui-même de leurs cages et leur rendre la liberté. Plus tard, il fabriquera des oiseaux mécaniques…

Mais malgré son talent, il ne paraît pas avoir joui d'une grande faveur auprès de Laurent le Magnifique. On l'estime plus comme ingénieur que comme peintre ; cependant le plan qu'il propose pour canaliser l'Arno est repoussé. Il est possible que la vie de plaisirs qu'il mène, et aussi la multiplicité de ses études, la versalité de son caractère, son indifférence pour les questions politiques et religieuses qui passionnent alors les esprits aient empêché ses compatriotes d'apprécier complètement son génie.

C'est pourquoi il décide d'aller chercher fortune hors de sa patrie, encouragé peut-être par Ludovic le More qui, à Milan, projette de lui confier l'élévation d'un monument à la gloire de son père. Léonard de Vinci se présente à Ludovic le More comme… ingénieur de guerre. Sachant que le duc aime le son de la lyre, il lui en apporte une de sa fabrication : presque entièrement en argent, cette lyre a la forme d'un crâne de cheval, disposition bizarre qui donne aux sons davantage de profondeur et de vibrations.

Le duc, ravi, le comble d'éloges et d'argent. Il lui demande un tableau d'autel, la *Nativité de Notre-Seigneur*, qui sera offert à l'empereur d'Allemagne (alors suzerain des princes et duc italiens) une fois achevé. Les fastes de la cour milanaise conviennent à l'appétit de plaisir de Léonard. Mais il ne se contente pas d'ordonner des fêtes. Fondateur d'une académie, il y donne des cours et rédige de nombreux manuscrits relatifs à son enseignement. Il y parle de tout, sauf de théologie, de philosophie et de droit. Il est probable que c'est le *Traité de la peinture*, sorte d'encyclopédie des arts du dessin, le plus considérable de ses ouvrages, et le seul qui ait été publié dans son entier, qui forme le cadre général de son enseignement.

Suite page 12

HORIZONTALEMENT

1. Défendait la veuve et l'orphelin, selon son code…

2. Chutes d'eau.

3. Bien entendue. – Un snob de travers.

4. Le commencement de l'Italie. – On la vote, avant de la respecter. – Conditionnel.

5. Rainurées à l'envers.

6. Oubli total.

7. Commencements. – Pronom.

8. De droite à gauche, ville italienne où régna la famille d'Este.

9. Tenterons.

VERTICALEMENT

A. Expéditions lointaines pour le 1 horizontal.

B. Loin du rivage (deux mots).

C. Droit sur la tête. – Un abonné désordonné, qui a perdu un n…

D. Joueurs d'un instrument à cordes où la manivelle remplace l'archet.

E. Tête d'adjoint. – Grosse mouche.

F. Convertir à une variante du marxisme ? (néologisme)

G. Morceau de saucisse. – Négation. – Syndicat.

H. Entreprit, comme nous le faisons, au 9 vertical.

I. Rougeauds.

Grille n° 4

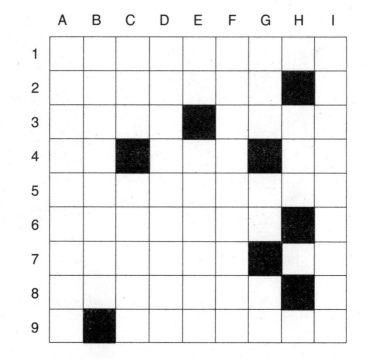

Il se préoccupe de l'harmonie entre les différentes parties du corps humain, en étudie les proportions ; *L'Homme de Vitruve* est un exemple de ses recherches. Pendant qu'il travaille à une statue équestre de François Sforza, il rédige un *Traité d'anatomie du cheval* qui sera détruit, comme la statue, par les troupes de Louis XII (ses arbalétriers gascons la prennent pour cible, afin de s'entraîner, après l'investissement de la ville). Il écrit de la main gauche, en commençant par la droite ; pour le déchiffrer, il faut se servir d'un miroir. Homme à secrets, à mystères, à recettes, d'une époque où l'alchimie est encore à l'honneur, peut-être n'est-il pas gaucher ; mais utilise ce procédé afin de soustraire ses inventions à la curiosité et à l'indiscrétion.

Si ses textes restent en partie illisibles, ses nombreux dessins, qui sont la contrepartie de ses ouvrages, témoignent de son intelligence prodigieuse, d'une étendue et d'une variété sans égales.

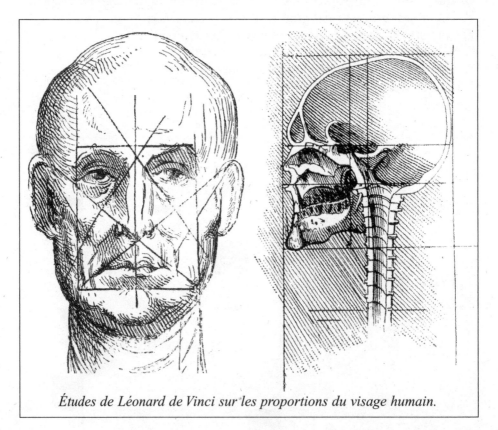

Études de Léonard de Vinci sur les proportions du visage humain.

Suite page 14

HORIZONTALEMENT

1. La croisade dont ils furent victimes, à Toulouse, fut sanglante…

2. À poil ! – Imposée, ou lue.

3. Peureuse.

4. On s'y enferme pour faire son devoir de citoyen.

5. Bourgade proche de Rouen.

6. Pronom. – Pronom. – Vieille colère.

7. Resserré de droite à gauche. – Ville d'eau légendaire.

8. Négation. – Étendus.

9. Des esses en pagaille… – Première page du journal.

VERTICALEMENT

A. Métalloïde dont on se méfie dans les abbayes…

B. Caractère de ce qui est brillant.

C. Pas rigide du tout.

D. Admirateurs hérétiques.

E. Obéit aux vents.

F. Une nièce qu'on a du mal à reconnaître. – Dans le sein ou le rein.

G. Enlèverai. – Rigole.

H. Fin de vie. – Peut se trouver sur le chemin de Damas.

I. Possessif. – Un du 9 horizontal, bien accroché, celui-là !

Grille n° 5

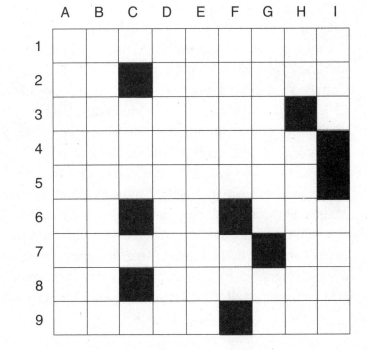

Ses études sont immenses : bijoux et pièces d'orfèvrerie, études d'architecture pour la cathédrale de Milan, épures de la plupart de ses machines, pompes d'épuisement, bateaux à nageoires, armes de toutes sortes, canons de toute grandeur, de toute proportion, séries sur des animaux, ânes, chevaux, chevreuils, buffles, chameaux, singes, chiens, loirs, lézards, tortues, colimaçons, oiseaux peints à l'aquarelle, fleurs… Toutes ces esquisses, dessinées à la plume, à la mine de plomb, à la pointe d'argent sont d'une légèreté d'autant plus étonnante que Léonard de Vinci, vigoureux, avait assez de poigne pour tordre le battant d'une cloche !

Les détracteurs de ce génie ont reproché à Léonard de Vinci d'avoir gaspillé sa vie et des facultés à mille projets chimériques qui n'ont laissé aucune trace. C'est incontestable. Mais une partie de son œuvre, bien réelle celle-là, subsiste.

Pour ses contemporains, Léonard est avant tout un ingénieur, un architecte et un sculpteur. Il dirige les travaux de la cathédrale de Milan, s'occupe de grands travaux hydrauliques, travaille pendant seize ans au monument érigé à la gloire de François Sforza. Lorsque la canicule est trop forte, il abandonne le chantier de la statue équestre et s'en va peindre la *Cène*. Il est fréquent que trop absorbé par ses travaux, il en oublie de manger et de boire.

Le prieur des dominicains, qui voudrait voir cette *Cène* rapidement achevée, va se plaindre au duc Ludovic de la lenteur de l'artiste. Convoqué, Léonard prétexte qu'il lui manque deux têtes pour son tableau, celle du Christ et celle de Judas. Pour la première, il ne parvient pas à trouver un modèle « divin », et n'a pas assez d'imagination pour concevoir sa céleste beauté ; pour la seconde, il n'a pas encore rencontré sur une face d'homme assez de bassesse et de cruauté pour exprimer de façon frappante l'ingratitude et la trahison du monstre. Mais si le moine tracassier insiste, il le prendra pour modèle…

Pour peindre sa *Cène*, Léonard de Vinci n'a pas employé les procédés habituels de la fresque, leur préférant des couleurs et des pâtes de son invention. Si bien que moins de cinquante ans après avoir été achevée, elle est déjà endommagée. En 1726, elle est restaurée par un

Suite page 18

HORIZONTALEMENT

1. Science de l'espace.
2. Originaire des Pyrénées.
3. Petits singes.
4. Précéda l'ONU. – Et le manteau blanc s'abattit…
5. Leurs feuilles s'infusent le matin comme l'après-midi…
6. Un peu de vieillesse. – Langue du Sud. – Benêt.
7. Gardien de Notre-Dame aussi laid que ses gargouilles.
8. Canton suisse. – Petite girouette.
9. Greffée à l'envers. – Des sanas sans A.

VERTICALEMENT

A. Connaît les mystères de la religion…
B. Barrage en Wallonie.
C. Relative à la brebis. – Auxiliaire conjugué au subjonctif.
D. Maison provençale. – Île grecque.
E. Foyer d'un tremblement de terre, de bas en haut.
F. Ranger. – Pronom.
G. Râtelons, ou ruinons…
H. Fragments d'inimaginable. – Saint abbé de Cluny fêté le 18 novembre.
I. Débroussaillons.

Grille n° 6

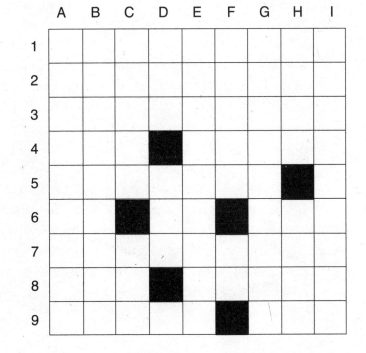

La Cène, de Léonard de Vinci, fresque qui, initialement, ornait le réfectoire du cloître de Santa Maria delle Grazie, à Milan.

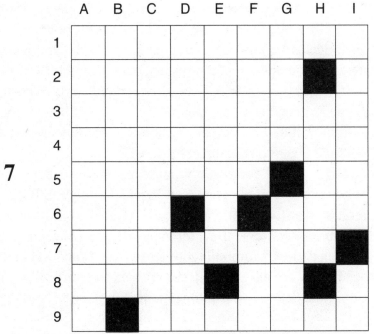

HORIZONTALEMENT

1. Celle des mages a souvent inspiré les peintres religieux.

2. Corps gras.

3. Sélections contestables.

4. Il n'aime pas les étrangers…

5. Adjectif chimique qui accompagne l'acide (féminin)… – Fleuve côtier premier de la liste…

6. Un peu d'animal… – Pas encore cuit !

7. N'imposera pas.

8. Dialecte écossais, quand il va dans le bon sens. – Tête de p…

9. Sont parfois grinçants, de soutenir les roues…

VERTICALEMENT

A. Prénom du poète satirique anglais Pope…

B. Alternatives.

C. Entêté.

D. Un Henri très populaire. – Des âmes sans M.

E. A abusé du 2 horizontal, pour être aussi gras.

F. Une thèse mal soutenue. – Se moissonne.

G. Un mois bouleversé. – Quand la rivière déborde…

H. Habite l'Afrique, mais la tête en bas.

I. Grosse narine. – Ancien.

Grille n° 7

artiste qui ne laisse intact que le ciel. Les moines ouvrent une porte au milieu de la composition qui fait disparaître les jambes du Christ et de plusieurs apôtres.

On cloue tout près de la tête du Christ les armes impériales. À la fin du XVIIIe siècle, le réfectoire où elle est peinte est transformé en magasin à fourrage…

Les grands travaux qu'il a exécutés sont loin de l'avoir enrichi. Menant grand train ct comptant pcu, il partage tout ce qu'il gagne avec ses élèves et ses amis. Lorsque Ludovic le More est chassé de son palais milanais par les troupes françaises de Louis XII, Léonard de Vinci retourne à Florence, amer. À Florence où l'on vient de mettre à mort Savonarole ; à Florence où tous les amis de jeunesse de Léonard, Fra Bartolomeo, Lorenzo di Credi, Botticelli… sont devenus vieux, pauvres et tristes…

Léonard de Vinci reprend ses travaux pour canaliser l'Arno, qu'il veut rendre navigable de Florence à Pise. Peut-être est-ce à cette époque qu'il commence le portrait de Mona Lisa de Giocondo, la fameuse *Joconde*. Il met au point son *sfumato*, une façon de peindre avec un modelé souple, moelleux, une finesse et une grâce inimitables. On retrouve des traits de la *Joconde* dans la *Vierge et sainte Anne*.

C'est que Léonard de Vinci, qui choisit pour ses têtes d'hommes les modèles les plus variés a, pour ses têtes de femmes, adopté un type unique, facilement reconnaissable, et qui a embarrassé tous ceux qui se sont occupés de son œuvre. Est-ce l'authentique portrait de la troisième femme du sire del Giocondo, est-ce, malicieusement tronqué, un autoportrait de l'artiste, dont l'humilité, de l'aveu de tous ses contemporains, n'était pas la qualité première ?

En 1502, Léonard de Vinci se met au service de César Borgia, qui le nomme son architecte et son ingénieur général. Il dessine des ports, projette des fortifications, parcourt dans tous les sens la Romagne et l'Ombrie. Puis revient à Florence, avant de s'installer à Milan, où le maréchal de Chaumont, gouverneur de Louis XII, le réclame. Il y achève un canal, poursuit ses travaux scientifiques. Il aurait, avant Copernic, déterminé le mouvement de la Terre. Il fait des observations

Suite page 22

HORIZONTALEMENT

1. Qualifie un style d'imagerie religieuse plutôt « chargé ».

2. Habite l'Orient, sans être franc-maçon pour autant.

3. De la même mère. – Conjonction.

4. Ne prennent pas parti.

5. Exposa à la lumière solaire. – Pronom.

6. Des genèses douteuses…

7. Avant-dernière glaciation du quaternaire. – Fait feu.

8. La fin d'un rituel. – Sein ancien.

9. Envasent.

VERTICALEMENT

A. L'abbé de Rennes-le-Château et le premier mort du *Da Vinci Code*…

B. On s'en sert à la cuisine.

C. On les trouvait derrière les faucheuses, lors des moissons.

D. Allons-nous-en !

E. Des morceaux de tirelire. – Un morceau de tirelire.

F. Aiment tourner, sans être derviches, ni usiniers.

G. Un peu de musique. – Le lièvre l'habite.

H. Possédée. – Manifestation d'un chat à demi satisfait.

I. Précisément.

Grille n° 8

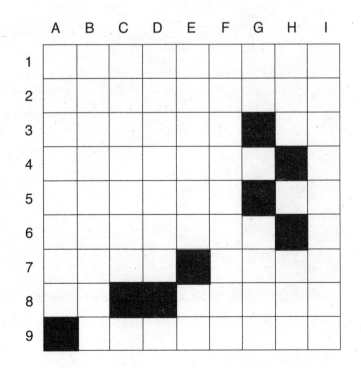

Mona Lisa, l'énigmatique Joconde *de Léonard de Vinci.*

HORIZONTALEMENT

1. On lui doit l'*Apocalypse*.
2. Fait comme chez elle.
3. Dirige la roue. – Un peu de tact.
4. Tête de train. – Garnie de planches.
5. Romains éparpillés d'un Charles de France. – Piquent le gigot.
6. Glandes mâles des poissons.
7. Des crêtes mal dessinées. – Conditionnel.
8. Enivrées.
9. Général sudiste désorienté. – Un Russe explosé.

VERTICALEMENT

A. Envoûtement.
B. Acrimonieux.
C. Pas ailleurs. – Masculin.
D. Incompétences.
E. Travaux pratiques abrégés. – Dieux scandinaves.
F. Bavardages populaires.
G. Dans. – Manie. – Appris.
H. Harnaches.
I. Elle fait loi.

Grille n° 9

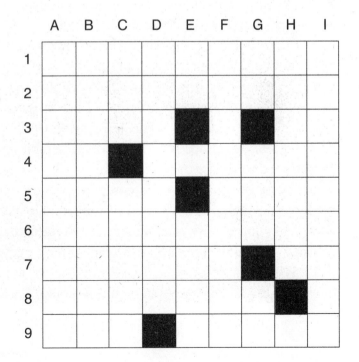

sur la circulation du sang, sur la capillarité, sur l'aimant, la diffraction, le scintillement des étoiles, la lumière cendrée de la lune, sur le flux et le reflux. Ses études de physiologie botanique et de géologie, dans lesquelles il établit trois siècles à l'avance les bases de cette science… le mettent au rang des naturalistes les plus remarquables. Il découvre la chambre noire et l'hygromètre.

Il dessine des machines pour laminer le fer, pour faire des vis, des scies ; pour dévider, tondre le drap, raboter, creuser des fossés, sonder, labourer en se servant du vent comme force motrice. Il a aussi l'idée d'employer la vapeur d'eau comme propulsion…

Louis XII ayant renoncé à l'Italie, et Léonard y ayant perdu un protecteur, il s'en va à Rome en 1514. Où il est mal accueilli par les autres artistes, qui voient en lui un rival, notamment Raphaël et Michel-Ange. Il lui est reproché son opportunisme et sa complaisance envers les vainqueurs.

Sur ces entrefaites, François Ier pénètre en Lombardie. Léonard l'y rejoint. Il prend part aux fêtes données en l'honneur du jeune vainqueur. Il élève pour le roi de France des arcs de triomphe, construit à Pavie un lion automate qui marche jusqu'au roi, se dresse, et ouvre sa poitrine sur un bouquet de fleurs de lis peint.

François Ier lui demande de l'accompagner en France début 1516, et lui alloue une pension. Installé près d'Amboise, pendant les trois années et demie qu'il passe en France, le vieux savant s'occupe d'un canal qui doit traverser la Sologne. Il est fatigué, désabusé. Sa santé décline de jour en jour. Il meurt le 2 mai 1519.

En tête de l'un de ses manuscrits, il a écrit cette phrase, qui peut passer pour sa devise : *Fuis les orages !* Ce mot donne la clef de son caractère et de sa vie. Génie complet, il a été, en peinture, le plus moderne des peintres anciens, a découvert la psychologie des têtes, a compris la complexité et la délicatesse de la nature ; scientifique, il a devancé son temps, pressenti des vérités. Avec quatre siècles d'avance, il a envisagé la possibilité pour l'homme de voler dans les airs au moyen de machines tenues en équilibre contre les impulsions du vent.

HORIZONTALEMENT

1. Impie.

2. Inemployé.

3. Peut rester en travers de la gorge, surtout dans ce sens ! – Paroisse d'un curé exorciste.

4. Réassaisonnerai.

5. Métal précieux. – Nuancer.

6. Sons de cloche (deux mots).

7. Ont un seul poumon ?

8. Hissas.

9. Dieu de l'Amour. – Housse.

VERTICALEMENT

A. Esclave attaché au temple.

B. Ratifier.

C. Petites avenues, grosses venelles. – Du mouton, de bas en haut.

D. Étouffas.

E. Ne pas le laisser sur le feu, même inversé. – Les épaules et les reins.

F. Pronom. – Ville d'Algérie, si on la réoriente.

G. Trinquera, mais dans quel état !

H. Une usagère bouleversée d'être un néologisme.

I. Fait gonfler la voile de bas en haut. – Pronom.

Grille n° 10

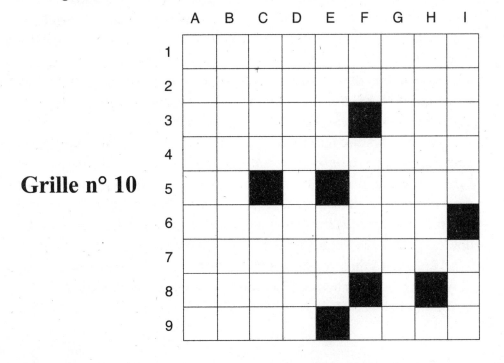

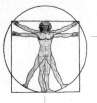

L'OPUS DEI

« Sainte Mafia », « franc-maçonnerie blanche »… Ainsi désigne-t-on l'Opus Dei, cet ordre mystérieux qui, depuis la fin du XXe siècle, regroupe des journalistes, des diplomates, des universitaires ou des banquiers lesquels, loin des monastères mais au sein d'une société dont ils cherchent à prendre les commandes, ont juré de servir l'Église comme des moines-soldats…

L'Opus Dei commence avec José Escrivá, dans l'Espagne des années 1930. Né en 1902, fils d'un artisan aragonais, étudiant en droit, catholique pratiquant, il entre en 1928 au séminaire à Madrid, davantage afin de poursuivre ses études que pour devenir prêtre, mais n'en devient pas moins abbé.

L'Espagne traverse alors une grave crise économique et sociale : réveil des régionalismes, montée violente de l'anticléricalisme, affrontement entre républicains et royalistes…

Situation explosive et dramatique qui va provoquer le départ du roi Alphonse XIII, la proclamation de la République en 1931, la victoire du Front populaire en 1936, le soulèvement nationaliste dirigé par le général Franco et une atroce guerre civile de trois ans (juillet 1936 - mars 1939). L'abbé Escrivá échappe de peu au massacre (de nombreux prêtres et religieuses sont assassinés dans leurs églises et couvents) en se réfugiant en France, d'où il rejoint les troupes franquistes.

En 1934, il a fait paraître *Le Chemin* (*Camino*), un ouvrage qui sera la bible des membres de l'Opus Dei, et qui sera édité en trente-cinq langues. *Le Chemin* contient 999 pensées de son auteur ; ce *Petit livre rouge* à la mode hispanique est une succession de conseils qui démontrent au lecteur qu'il fait partie d'une élite, et qu'il doit se battre contre la chair, la sensualité, contre l'animalité et les philosophies impies, pour, avec l'aide de Dieu, le faire triompher.

D'autres saints fondateurs d'ordres monastiques, notamment au Moyen Âge, comme saint Bernard de Clairvaux, ont déployé les mêmes arguments. Mais José Maria Escrivá est de son siècle : au lieu

Suite page 26

HORIZONTALEMENT

1. Figure géométrique.
2. Drogués.
3. Mauvaises imitations.
4. Épineuse au bord du chemin, quand elle est plantée à l'endroit.
5. Extirpé du gluant. – Chrétien, pour le musulman, et de droite à gauche.
6. Fond de tiroir. – Un loquet qui n'ouvre rien.
7. Tourne quand le vent change.
8. Hemingway a rendu célèbres celles du Kilimandjaro. – Île et note.
9. Amassées.

VERTICALEMENT

A. Désigne, selon Dan Brown, le méridien solaire et la lignée sacrée de Jésus (deux mots).
B. Bon vivant.
C. Général romain, et tragédie de Corneille. – S'amuse.
D. État africain. – Habita.
E. Découvertes par Christophe Colomb.
F. Début d'une narration. – Une messe mal dite.
G. De bas en haut, le club des promeneurs.
H. Général sudiste. – Récipient en peau.
I. Débroussaillées.

Grille n° 11

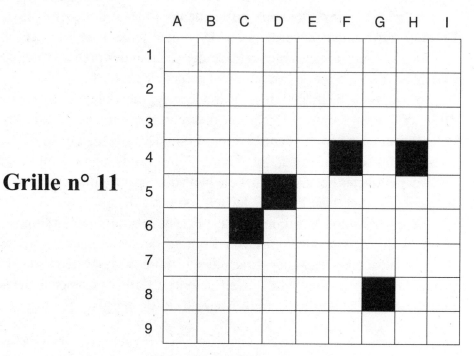

d'envoyer ses cohortes de moines-soldats prier pour le salut de l'Église dans la solitude des monastères, il les plonge au sein de la société, à l'instar de Mao qui voulait mettre ses agitateurs révolutionnaires au sein du peuple « comme des poissons dans l'eau ».

Différence importante, toutefois, avec son contemporain chinois : Mao avait structuré son parti pour faire triompher le communisme ; Escrivá a bâti un ordre, lui aussi clandestin au départ, qui allait se révéler une terrible arme contre ce même communisme.

Et dans cette lutte et affrontement qui a duré un demi-siècle, et qui a plongé le monde dans la guerre froide, l'a divisé en deux blocs qui aujourd'hui se ressoudent tant bien que mal, l'un de ceux qui, par sa diplomatie, fut l'un des principaux vainqueurs du communisme se révèle être Jean-Paul II, pape polonais venu d'un pays qui a beaucoup souffert de l'occupation rouge.

Est-ce un hasard ? La rumeur prétend que dans son entourage, l'Opus Dei est tout-puissant. Avant son élection au trône pontifical, en octobre 1978, Karol Wojtyla, archevêque de Cracovie, avait déjà bénéficié de l'aide de l'Opus Dei. Une fois entré au Vatican, et jusqu'à la fin de sa vie, il ne s'est pas montré ingrat.

D'abord en installant aux postes de commande des membres de l'Ordre, qui règnent désormais sur le gouvernement de l'Église, et inspirent ses décisions les plus rétrogrades (célibat des prêtres, refus de la contraception, rejet de l'avortement en cas de viol…).

Ensuite en béatifiant José Maria Escrivá de Balaguer, mort en 1975, et devenu saint en 1992, soit dix-sept ans après sa disparition, délai très court pour une canonisation. Louis IX, roi de France, fut lui aussi canonisé rapidement, et devint Saint Louis après vingt-sept années d'enquêtes ecclésiastiques : le pape d'alors, Boniface VIII, voulait se réconcilier avec Philippe le Bel, son petit-fils.

Toujours selon les rumeurs, c'est l'Opus Dei qui remet à flots les finances du Vatican. On a cru voir l'ombre de ses éminences grises derrière plusieurs scandales financiers (affaire Ruiz-Mateos, où un milliardaire avoua comment il avait détourné l'argent de ses sociétés pour le verser à l'Ordre ; affaire Maresa, où de l'argent détourné en

Suite page 30

HORIZONTALEMENT

1. Saint espagnol qui prêcha, en vain, les albigeois (1170-1221).
2. Rêvés.
3. Ville allemande. – Au milieu de l'eau, mais pas dans le bon sens.
4. Tente. – Toutes les voyelles, sauf le Grec.
5. Marque la moitié. – Ne tient pas l'alcool.
6. Un ennemi mal en point. – Possessif.
7. Si nombreux, mais à l'envers. – Enveloppe.
8. Peuples maudits.
9. Bandeau (mot composé).

VERTICALEMENT

A. Massif italien.
B. Elle travaille dans l'international, et pour la paix.
C. Mauvaise, quand on est malade. – Un rang mal tenu.
D. Colère d'ancêtre. – Poste de footballeur.
E. Concurrente de Babylone, sur les bords du Tigre. – Le cœur de Gaël.
F. Mesure à l'envers l'intelligence. – Équipent pour la guerre.
G. On la prend dans la file d'attente. – Démonstratif secoué.
H. Rivière zaïroise. – Refuse de parler.
I. Rivière du Valois, qui coule d'aval en amont ? – Facile.

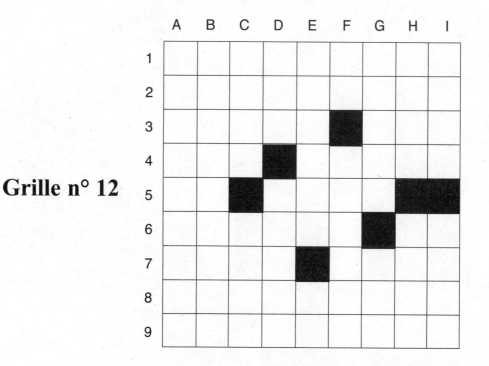

Grille n° 12

Tête d'homme peinte par Léonard de Vinci.

HORIZONTALEMENT

1. Le pape, pour ses fidèles.
2. Effondrée.
3. Le début d'un crime. – Une tante toute retournée.
4. N'incitent pas à la mélancolie.
5. Sainte image. – Brin de persil.
6. Composées de fines tranches.
7. Retournée, au cœur du pain. – Bouleau du bord de l'eau.
8. Roche à quartz. – Commence l'éreintement.
9. Famille italienne de Ferrare, dont il reste une villa… – Vagabonde.

VERTICALEMENT

A. L'impie le commet.
B. Noirs continentaux.
C. Arbre des cimetières. – Pointe.
D. Permet de respirer. – Un peu de liesse.
E. Partie de parti. – Se manifesta en mouton.
F. Des pals tordus. – Mal élus.
G. Massif sur la Côte.
H. Refrapper (néologisme).
I. Le golfeur le met à l'endroit sous sa balle. – Département alpin.

Grille n° 13

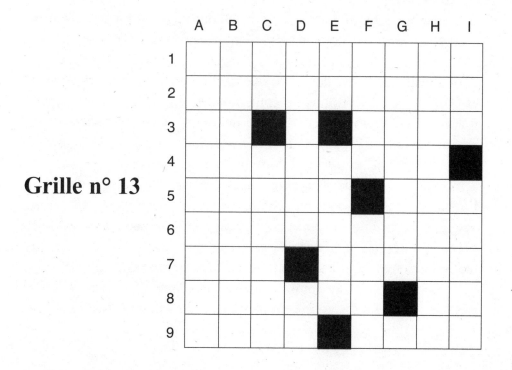

Espagne se retrouva dans une société luxembourgeoise présidée par le prince de Broglie, trésorier des républicains indépendants, le parti du président Giscard d'Estaing, et qui mourut mystérieusement assassiné…). En Italie, ce serait l'Opus Dei qui aurait comblé le déficit de la banque Ambrosiano, banque dont le dirigeant fut retrouvé pendu sous un pont…

Comment José Maria Escrivá, le futur saint, est-il parvenu à une telle efficacité ? Les soldats de Dieu de l'Opus Dei ne sont pas des moines mais des laïques, et ils servent Dieu en travaillant, en prenant le contrôle de l'économie, de la pensée, de la politique.

Avec Escrivá, le travail, vertu maçonnique, devient une vertu chrétienne. Ses « amis » phalangistes ne s'y trompèrent pas, en envoyant, tandis que le franquisme faisait peser une main de fer sur l'Espagne, cet abbé « révolutionnaire » devant un tribunal chargé de réprimer la franc-maçonnerie.

L'Église espagnole, elle aussi, au début, trouve des odeurs de soufre aux théories de l'abbé Escrivá : prétendre que l'on peut parvenir à la sanctification par le travail, c'est se rendre capable d'hérésie, pire, de calvinisme !

Un bon banquier, qui gagne beaucoup d'argent, peut devenir un saint s'il n'omet pas, tout en surveillant les cours de la Bourse, de louer Dieu avec ferveur et constance. Le business remplace la charité. De quoi remettre en cause des siècles de méditation à l'ombre des abbayes, et faire douter des légions de contemplatifs émules de saint François d'Assise. Mais l'abbé Escrivá ne s'émeut guère de ces critiques, de ces accusations et, fidèle à ses idées élitistes, fait rajouter de Balaguer sur sa carte de visite, et obtient le titre de marquis de Peralta.

Voilà le fils de l'humble mercier d'Aragon presque noble. À l'instar de son illustre prédécesseur dans la mystique et les ordres occultes, Ignace de Loyola, Escrivá, dans sa jeunesse, alors qu'il élaborait ses théories, a eu des visions. Il a reçu la Révélation : c'est Dieu qui le lui demande, c'est Dieu qui le charge de sauver l'Église !

Il érige son Ordre comme Bernard de Clairvaux a édifié le règlement templier. La discipline est médiévale. Les laïques de l'Opus Dei

Suite page 32

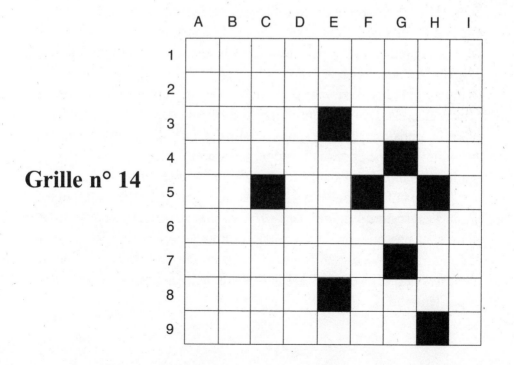

HORIZONTALEMENT

1. Géant rabelaisien.
2. Celui qui la bâtit est un compliqué, pas un industriel (trois mots).
3. Lac lombard. – L'enquêteur l'arrache.
4. Philosophe grec, ou soldat romain qui avec sa lance perça le cœur du Christ sur sa croix. – Tête de brute.
5. Mesure chinoise. – Il peut être artistique, ou provocateur.
6. Elle fait perdre la tête.
7. Fautes d'orthographe. – Article.
8. Fait comme l'arracheur de dents. – Conclut en latin.
9. On la trouve à la pompe.

VERTICALEMENT

A. Conquérant de l'Angleterre.
B. Ont besoin d'eau.
C. Néant. – Ceux de Dan Brown, en France, sont estimés à 1 500 000.
D. Des riens familiers.
E. Tête d'aède. – Mille-pattes.
F. Une fille populaire mal balancée. – Rangea de bas en haut.
G. Train rapide. – Article. – Pronom.
H. Magnifique, même à l'envers. – Fait feu.
I. Fille de la Côte.

Grille n° 14

doivent obéir sans discuter à leurs supérieurs, prier sans cesse, voire se mortifier : s'autoflageller comme Saint Louis, porter le cilice comme La Fontaine (à la fin de sa vie, le fabuliste, sous l'influence de son confesseur, voulut ainsi expier la faute d'avoir écrit des contes grivois), faire, pour certains, vœu de chasteté, comme d'humbles moines, malgré les tentations de la vie civile…

Une autre obligation a valu à l'Opus Dei l'accusation de secte : celle de devoir, pour ses membres, remettre leur argent, tout leur argent, à un Ordre où confessions et examens de conscience fréquents rappellent fâcheusement les embrigadements et lavages de cerveau en pratique dans les sectes les plus décriées.

Mais l'Opus Dei n'envoie pas ses quêteurs chanter dans le métro en robe safran ou faire la manche sur les boulevards en vendant des livres de scientologie. Elle recrute parmi les étudiants de haut niveau, les chercheurs brillants, parmi ceux qui seront l'élite des régions du monde où l'Ordre s'est incrusté. Espagne, bien sûr, mais aussi France, Portugal, Italie, Allemagne, et continent américain.

Pour renforcer sa respectabilité, l'Ordre invite les chefs d'entreprise, les grands noms de l'industrie et de la finance à des conférences-débats. Ses membres font du lobbying, de la lutte d'influence dans les allées du pouvoir, à l'instar des grands industriels.

L'organisation est pyramidale, et le secret est de règle à tous les niveaux : ce que le roi de France Philippe le Bel et le pape Clément VII reprochèrent aux Templiers, ce que l'Église reproche toujours aux francs-maçons. La base ignore qui la dirige au sommet, et chacun agit selon les consignes reçues sans connaître qui est dans son ombre, ou le surveille. Comme chez les Templiers, il y a plusieurs niveaux, plusieurs grades : les *numéraires* sont le « noyau dur » de l'Ordre.

Célibataires, logés par l'Opus, ils peuvent être religieux ou laïques exerçant un métier. Les *surnuméraires*, eux, peuvent se marier et ne sont pas obligés de vivre en communauté, comme les *associés*, célibataires qui vivent en famille. Enfin les *collaborateurs* ne sont pas membres de l'Ordre, mais le soutiennent activement par leurs prières, et par leurs dons.

Suite page 34

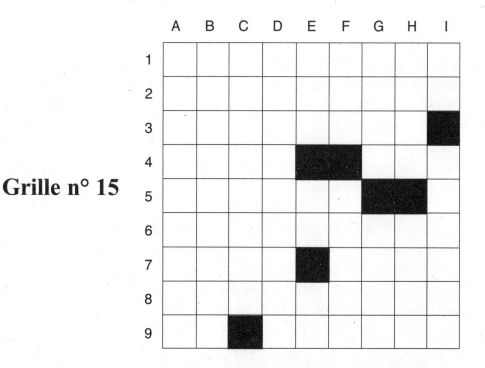

HORIZONTALEMENT

1. Partagées par ceux qui se détestent.
2. Marchand.
3. Accessoire pour pelouse.
4. Loué de travers. – Armée de Charlemagne.
5. Romancier français prénommé Emmanuel (1914-1995).
6. Rose sauvage.
7. Possessif. – Donne son parfum au pastis.
8. Monnaies romaines.
9. Préposition. – Béatitude.

VERTICALEMENT

A. Donne un pourcentage.
B. Enrichissent la langue, en dépit des puristes.
C. Abjects.
D. De sons variée.
E. Glace américaine. – Préposition. – Ancien latin.
F. Beaucoup de bruit. – Un bon départ pour un Anglais.
G. Essayai la tête en bas. – Amérindien victime des conquistadors.
H. Laxatif, même à l'envers. – Refusés.
I. Petit saint. – Natte.

Grille n° 15

Comme le Temple en son temps, l'Opus Dei dépend directement du pape, et n'a de comptes à rendre qu'à lui seul. Comme le Temple luttait contre l'islam, l'Opus Dei est en croisade contre le marxisme, le gauchisme, le matérialisme… Sa richesse, il la draine et la gère par le biais d'associations et fondations internationales.

Et l'Opus Dei se révèle aussi efficace que le Temple. L'élite franquiste, en Espagne, appartenait à l'Ordre : douze ministres sur dix-neuf, en 1969, en étaient membres ! ce serait l'Ordre qui aurait suggéré à Franco de choisir Juan Carlos comme successeur, ce serait par lui que la démocratie et l'ouverture des frontières seraient arrivées en Espagne. Le protectionnisme d'alors nuisait trop aux affaires.

Politiquement, en Europe, l'Ordre soutient des mouvements de droite. Son argent transite par un labyrinthe de circuits financiers et ses secrets restant bien gardés, il est difficile de mesurer l'influence de ces « banquiers de Dieu », à moins que n'éclatent des scandales et que, devant les enquêteurs, les langues ne se délient.

Le système féodal de l'Opus Dei est-il adapté au troisième millénaire ? La lutte contre les valeurs non chrétiennes aboutira-t-elle ? Les Templiers tinrent eux, près de deux siècles en Palestine. Le pape Jean-Paul II s'est montré favorable à l'Opus Dei, bien que le pouvoir de cette mystérieuse mais efficace organisation ait commencé à être contesté jusque dans les couloirs du Vatican. Car son ascension et sa réussite ont provoqué, au sein de l'Église, une prise de conscience. Nombreux sont les ecclésiastiques qui n'apprécient pas d'être supplantés par des laïques. Ils sont peu favorables – c'est un euphémisme – à cette franc-maçonnerie blanche qui rompt avec la tradition catholique en laissant le pouvoir décisionnel à des « pros » de la finance plutôt qu'à des théologiens.

Auront-ils les moyens de contrer la montée en puissance de la « sainte Mafia » ? Tout dépendra du prochain pape.

D'après les prophéties de saint Malachie, évêque irlandais du XIIe siècle qui ne les a sans doute jamais écrites, nous en sommes à notre avant-dernier pape, dit « du travail et du soleil ». Le cent onzième, « Pierre le Romain », sera le dernier… Mais saint Malachie,

Suite page 36

Horizontalement

1. Son Joseph garda le Graal.
2. Fait avancer dans l'eau.
3. Tête de l'adjoint. – Pas bons du tout !
4. Orne les clochers.
5. Route-en-train. – Puissances gnostiques.
6. Adoucit.
7. Bande de chiens. – La moitié de la mariée.
8. Changée, quant à la voix. – Le saint du calendrier a la sienne.
9. Pâté de merle. – Quand on saute dessus, ce n'est pas par plaisir.

Verticalement

A. Lettres transposées.
B. Chauffe l'intérieur.
C. La queue du petit. – Usage sacré.
D. Célèbre matador.
E. Lettres d'un aventureux. – Négation.
F. Une fin bouleversée pour Tolède… – Interjection de mépris.
G. Se penche sur le passé.
H. Un peu de délire. – Mort à l'envers…
I. Reste d'urée. – Poursuivies en justice.

Grille n° 16

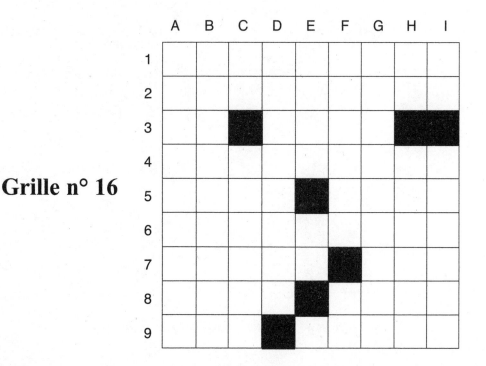

ami de saint Bernard de Clairvaux et prophète malgré lui, n'a pas précisé si Pierre le Romain serait le candidat de l'Opus Dei, voire l'un de ses membres, ou l'un de ses adversaires… Si le nouveau pape choisit le nom de Clément XV, ce sera un signe : ce fut un Clément VII qui abolit l'ordre du Temple, et un Clément XIV qui supprima – temporairement – l'ordre des Jésuites…

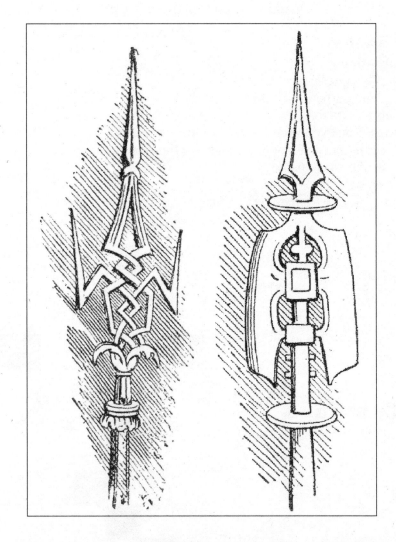

Fers de lance et de hallebarde imaginés par Léonard de Vinci.

HORIZONTALEMENT

1. Une sainte repentie héroïne malgré elle du *Da Vinci Code*.
2. Dire n'importe quoi.
3. Bénéfique.
4. Pièce pénétrante de la charrue. – Grecque ou basque.
5. Te cuitas à en être déchiré ! – Amusé.
6. Superposai. – Quand le *model* est au plus haut.
7. Fin d'office. – Use.
8. Négation. – Dure 365 jours.
9. Préposition. – Mouche somnifère.

VERTICALEMENT

A. Impératrice débauchée.
B. Dynastie des actuels rois du Maroc.
C. Matière sucrée.
D. Bouclier. – Tête de taré. – Tête de taré à l'envers.
E. Vieux Parisiens.
F. Jeux érotiques. – Fond de citerne.
G. Une aria inaudible. – Dans son ensemble.
H. Tête de Néron. – Erres.
I. Inflammation de la peau.

Grille n° 17

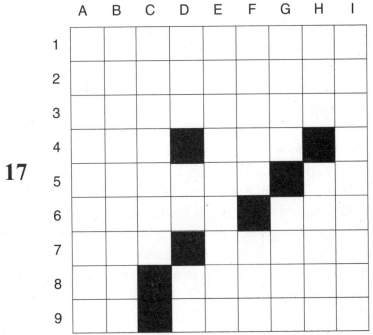

LE GNOMON DE SAINT-SULPICE

Un gnomon est un instrument servant à marquer les hauteurs du soleil par la direction de l'ombre qu'il porte sur une surface plane ou courbe. C'est en évaluant, tous les jours la hauteur méridienne du soleil que Pythéas, 350 ans avant notre ère, détermina à Marseille le jour du solstice d'été auquel correspond la hauteur maximale du soleil. Ces mesures ont suffi pour faire reconnaître la diminution progressive de l'obliquité de l'écliptique.

La méthode du gnomon semble avoir été en usage, notamment, chez les Chinois, les Égyptiens et les Péruviens. Les gnomons ont dû être les premiers instruments astronomiques qu'on ait imaginés, parce que la nature les indiquait, pour ainsi dire, aux hommes : les montagnes, les arbres, les édifices sont autant de gnomons naturels, qui ont fait naître l'idée de gnomons artificiels.

Dans les Temps modernes, on ne cite que deux gnomons qui aient eu quelque célébrité : le gnomon de l'église Sainte-Pétronne, à Bologne, construit en 1653, et celui de l'église Saint-Sulpice, à Paris.

L'église de Saint-Sulpice a été édifiée sur l'emplacement d'une chapelle mérovingienne qui dépendait de la célèbre (et immense) abbaye de Saint-Germain-des-Prés. Au début du règne de Louis XIV, en 1646, on posa la première pierre.

La construction dura plus de cinquante ans, les travaux étant souvent suspendus, faute d'argent. Sous la Régence du duc d'Orléans, le curé de Saint-Sulpice, pour réunir les sommes nécessaires à la relance du chantier, ne se contenta pas des dons de ses paroissiens ; il ouvrit une loterie ! Ce n'est qu'en 1736 que la dédicace de l'église fut célébrée (saint Sulpice, au IVe siècle, fut d'abord aumônier de Clotaire II, puis évêque de Bourges, et se distingua par sa piété).

Le plan général de cette église se rapproche de la disposition des églises du Moyen Âge. Sa façade, élevée par Servandoni, en fait l'un des monuments les plus remarquables de la capitale, et se compose de deux ordres, le dorique et le ionique.

Suite page 42

HORIZONTALEMENT

1. Modèles pour l'entrée du Louvre ?
2. Evora, ville portugaise, privée de consonnes. – Singea.
3. Vêtements féminins pour se mettre au lit.
4. Chanteurs des Alpes autrichiennes.
5. Des lettres pour amorcer… – Sur le doigt de la couturière.
6. Rebord de cuvette. – Un tas sans voyelle. – Prénommé Albert, ce comte républicain légiféra sur le travail des femmes (1841-1914).
7. Se boit en bock.
8. Ardente, mais inversée.
9. Précise le titre, en plus petit.

VERTICALEMENT

A. Figures magiques.
B. Petit bateau. – Direction ou début de sottise.
C. Crier comme un cerf. – Ubu désarticulé.
D. Issues.
E. Aimé des ours. – Emploie.
F. Fit comme le deux du 2 horizontal, mais en désordre. – Tête de reître.
G. Racontée. – Dit faux.
H. Large. – Fin de souper.
I. Ville près de Grenoble célèbre pour ses *Cuves*.

Grille n° 18

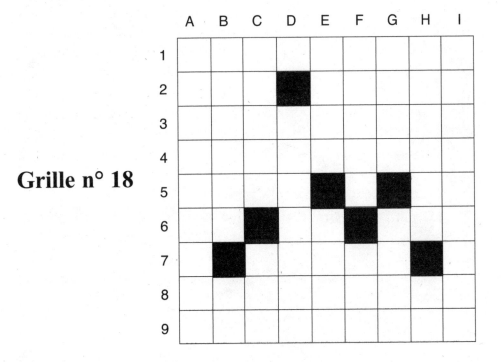

Vue intérieure de Saint-Sulpice.

HORIZONTALEMENT

1. Commémoration solennelle.
2. Affameront.
3. Tests.
4. Porteur sur l'Himalaya. – Dedans.
5. Tête de colistier. – Rapide.
6. Pieds de colistier. – Informa d'urgence.
7. Un nain contrefait. – Possessif.
8. À payer, pour s'enrichir.
9. Restes macabres.

VERTICALEMENT

A. De plus en plus fort.
B. Grandes joies.
C. Se réjouir. – Une partie de stade parcourue à l'envers.
D. Agaçante.
E. Plumée dans la confusion. – Tête de l'éminence.
F. Sauges roses dites *toute-bonnes*.
G. Premier navigateur et gardien de zoo. – Chasseur dans les étoiles.
H. Petite bestiole.
I. Conjonction. – Riens.

Grille n° 19

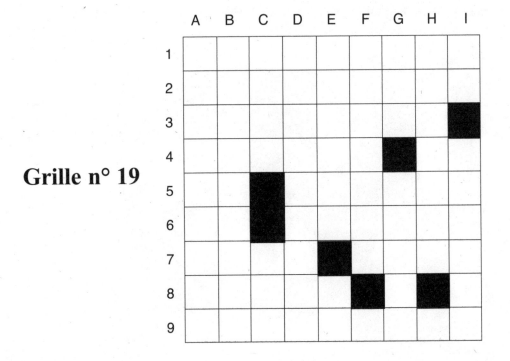

Le fronton, frappé par la foudre en 1770, a été remplacé par une balustrade.

Le rond-point du chœur est percé d'une arcade qui laisse voir la chapelle de la Vierge, resplendissante de marbre, d'or et de peintures. Les cryptes de Saint-Sulpice sont d'une étendue considérable, et renferment un grand nombre de sépultures.

On a établi à Saint-Sulpice un gnomon, une ligne méridienne pour mesurer les diverses hauteurs du soleil et fixer d'une manière certaine l'époque des équinoxes et du dimanche de Pâques.

Cette ligne de laiton est tracée sur le pavé, du vrai nord au vrai sud. L'une de ses extrémités est placée près de la porte latérale de droite ; elle traverse les deux transepts en passant obliquement devant le maître-hôtel et va se terminer au pied d'un obélisque en marbre blanc, sur lequel elle se trouve projetée. La fenêtre du transept est entièrement close ; on y a ménagé seulement, en hauteur, une petite ouverture circulaire. Au travers de cette ouverture passe, à midi, un rayon de soleil qui vient tomber sur la méridienne.

Au solstice d'hiver, le rayon se porte sur la ligne verticale de l'obélisque. Cette méridienne fut tracée par Henri Sully, horloger et astronome anglais, et exécutée en 1742-1743 par Lemonnier.

HORIZONTALEMENT

1. Nourris au sein.
2. Souvent à l'angle des remparts. – Déesse égyptienne.
3. Trios gagnants.
4. Environnement.
5. Tous sans voyelles. – Dent dure.
6. Abattue. – Housse.
7. Né. – Épopée scandinave.
8. Tête d'œuf. – Tête de snob. – Celui des prix empêche leur hausse.
9. Nymphes de la mer, dans la mythologie grecque.

VERTICALEMENT

A. Surveillance.
B. Pas proche. – Fatiguée.
C. Au fond des gorges.
D. Envoie de l'eau.
E. Tête de cuistre. – Tête de nigaud.
F. Jeux de chevaux, ou les jumeaux du 3 horizontal.
G. Nettoyage jardinier.
H. Conditionnel. – Tranchants de menuisier.
I. Particulier et exceptionnel.

Grille n° 20

FIBONACCI ET LE NOMBRE D'OR

Léonard de Pise, appelé aussi Fibonacci, géomètre italien, est né dans cette ville vers 1175, et mort vers 1250. Il séjourna longtemps en Afrique du Nord, à Bougie, où son père était agent consulaire des marchands pisans. Il fut initié aux calculs arithmétiques par des mathématiciens arabes, eux-mêmes disciples de mathématiciens hindous.

À son retour, il fit paraître un traité d'arithmétique et d'algèbre, l'un des plus anciens d'Europe, et qui eut une grande influence sur les progrès de la science au siècle suivant. Il publia aussi d'autres traités, qui se sont perdus. Il est sans doute le plus grand mathématicien du Moyen Âge. Officiellement attaché à la cour de l'empereur Frédéric II, il introduisit l'usage de notre actuelle notation par chiffres, et l'usage du zéro, symbole alors ignoré.

Sa séquence, commençant par 1, 1, 2, 3, 5, 8, 13…, est une suite de nombres ; chaque nombre est la somme des deux nombres précédents [1+2=3, 2+3=5, 3+5=8, 5+8=13, 8+13=21…]. L'originalité de cette séquence, c'est qu'à partir de 3, le rapport entre deux nombres consécutifs est de 1:1,618, soit le nombre d'or. Ce nombre d'or, dit aussi « section dorée », « divine proportion » (Léonard de Vinci illustra l'ouvrage du moine Luca Pacioli di Borgo, *De divina proportione*) donne ses proportions à la nature. Ainsi le cœur du tournesol est constitué de 21 spirales d'un côté, de 34 de l'autre (13+21=34, deux nombres consécutifs de la séquence de Fibonacci). Idem pour les spirales de la pomme de pin et des coquillages en colimaçon…

Le nombre d'or s'exprime aussi dans le pentagone. Dans un pentagone inscrit dans un cercle de rayon 1, la perpendiculaire élevée sur l'extrémité de la base pentagone vaut 1,618. Dans un pentagramme, l'homme s'inscrit en harmonie.

Le nombre d'or a inspiré les architectes bâtisseurs de cathédrales, qui réalisaient, au compas, des séries de triangles, rectangles et polygones dont les rapports trigonométriques étaient en rapport avec la section dorée, et leur a permis de bâtir des édifices en harmonie avec les mesures humaines.

Suite page 46

HORIZONTALEMENT

1. Souvent généreux…

2. Amanites.

3. Morceau d'ouverture. – Voyelles.

4. Laits fermentés, pas obligatoirement bulgares.

5. Couverture écossaise. – Malgré son nom, Jeanne n'en avait pas.

6. Précipitation. – Pour la sauter, le coureur la remet à l'endroit.

7. Radical de rêve. – Arrière-grand-maman ou fille perdue.

8. Un bon rendement populaire.

9. Enlace.

VERTICALEMENT

A. Fléau des pommes de terre et surnom de soldats allemands.

B. Petit oiseau pour gourmet.

C. Confiseur de Montélimar.

D. Cycle court. – Passé récent.

E. À remettre à l'endroit même dans le nez. – Ceinture de geisha.

F. Voyelles d'épieu. – Dans.

G. Fatigueraient.

H. Se dresse à la proue du navire.

I. Au milieu de la hiérarchie, entre la tête et les bras (mot composé).

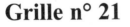

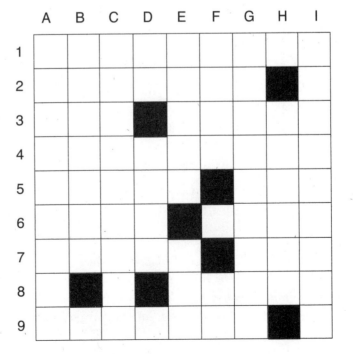

Cette esthétique dans la proportion est résumée par cette maxime des maîtres tailleurs de pierre :

Un point dans un cercle
Et qui se place dans le carré et le triangle
Connais-tu le point ? tout est pour le mieux ;
Ne le connais-tu pas ? tout est vain.

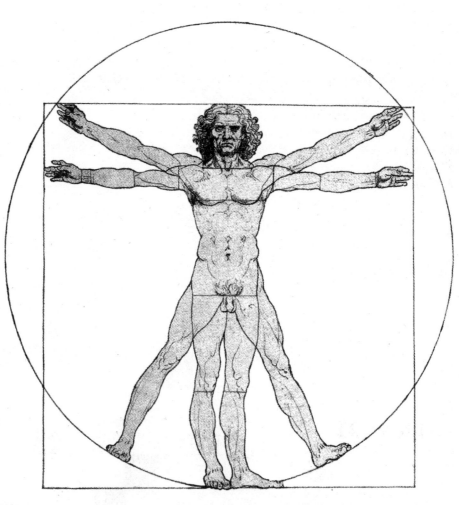

L'Homme de Vitruve, *de Léonard de Vinci ; ce corps humain inscrit dans un carré et un cercle respecte les proportions harmonieuses du nombre d'or (Vitruve, architecte sous Jules César, codifia les principes de l'architecture et de la statuaire grecques dans un traité qui inspira les artistes de la Renaissance).*

HORIZONTALEMENT

1. Peu habile.

2. Aimante.

3. Vieilles querelleuses.

4. Lointaines.

5. Dieu solaire et inversé. – Apprécie à rebours.

6. Ville biblique. – Un Turc malmené.

7. Footballeur qui va de l'avant. – Un Hun tombé de cheval.

8. Ami des bêtes, et de la vigne. – Matière à panier.

9. Commente en écrivant.

VERTICALEMENT

A. Épouse d'un dignitaire chinois ?

B. Rendit chatoyant de façon désordonnée. – Possessif dans les deux sens.

C. Montesquieu a étudié leur esprit. – Vieux Indiens.

D. Sévère.

E. Rêve américain. – Vieux monarque.

F. Rassembler. – Conditionnel.

G. Nationalistes croates.

H. Orateur grec maître de Démosthène. – Fin à l'endroit.

I. Registre vocal.

Grille n° 22

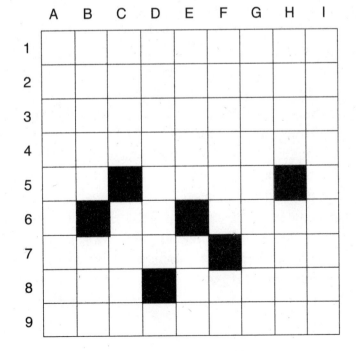

LES MYSTÉRIEUX PARCHEMINS
DE RENNES-LE-CHÂTEAU

François Bérenger Saunière voit le jour en 1852 dans l'Aude, pays d'hérétiques où sont nés, à l'époque médiévale, les mouvements cathares et albigeois. Aîné de sept enfants, il est issu d'une famille relativement aisée qui lui permet de mener à bien des études dans un séminaire. Il accède à la prêtrise en 1879.

Nommé professeur au séminaire de Narbonne, ce géant large d'épaules se fait vite remarquer par sa force hors du commun et aussi par son caractère indépendant et orgueilleux. Afin de lui réapprendre l'humilité, ses supérieurs le nomment prêtre d'un misérable et rude village de l'arrière-pays, peuplé de seulement 200 âmes : Rennes-le-Château. Perché sur un roc, le bourg ne présente guère d'originalité. Son église, l'une des plus anciennes de la région (XIᵉ siècle), est à moitié en ruine, et le presbytère est inhabitable.

Bérenger Saunière passe les premières années de son séjour paroissial dans une simple chambre qu'il loue, et se contente de pain et de soupe à chaque repas.

À l'inconfort s'ajoute la suspicion : le village se méfie de ce prêtre au fort tempérament. Le conseil municipal de gauche ne veut rien dépenser pour la restauration de la cure et de l'église. Révolté par sa misère et le peu d'aide qu'il reçoit, Bérenger Saunière affronte ouvertement les républicains n'hésitant pas, dans ses prêches et ses sermons, à clamer ses idées monarchistes.

Ses adversaires s'en plaignent et en 1890, le ministère des Cultes lui retire pour quelques mois sa maigre pension de curé. Pour survivre Saunière donne des cours de musique à Couiza, le bourg voisin, et compte sur la générosité de sa petite centaine de paroissiens.

Son traitement rétabli (juillet 1891), l'abbé se montre plus souple avec les édiles de la commune et les relations entre les deux camps s'améliorent sensiblement. Le conseil municipal vote même une subvention de 1 400 francs afin d'effectuer les travaux les plus urgents

Suite page 50

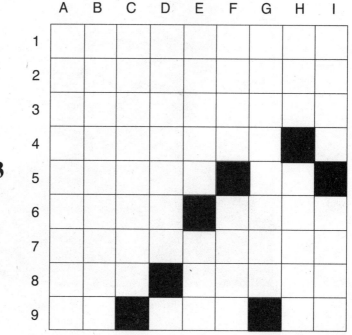

HORIZONTALEMENT

1. Exigeant ; un diable l'est, dans le *Da Vinci Code*…
2. Transforme en atomes chargés d'électricité…
3. Sévérité et rigueur.
4. Un aviateur dans la Manche.
5. À quoi bon râler, pour se mettre dans cet état ! – Milieu de sieste.
6. Envoya. – Ouvrit grand.
7. Il retombera un manteau blanc…
8. Suffixe de provenance. – Placer.
9. Conjonction. – Grande étendue d'eau. – Île.

VERTICALEMENT

A. Œuvre de Satan.
B. Peut être à billes, ou de tambour.
C. Herbe aux oies.
D. Sel chimique.
E. Un osier qui sera difficile à tresser. – Fin de régime.
F. Ville d'Algérie, de bas en haut. – Faire.
G. Secrètement instruites.
H. Morceau de luette. – Vagabonder.
I. Issues. – Rivière suisse.

Grille n° 23

dans l'église. Pécule qui se complète d'un petit héritage de 600 francs que le curé vient de recevoir.

En 1891, les gros travaux commencent. En premier lieu, Saunière décide de changer la pierre maîtresse de l'autel. Lorsque celle-ci est ôtée, on constate qu'un des deux piliers – d'époque wisi-gothique – est creux. À l'intérieur, au milieu de feuilles séchées, se trouvent trois rouleaux de bois. Ils recèlent quatre parchemins.

Le maire du village demande à l'abbé les documents afin de les placer dans les archives communales. Bérenger Saunière, qui aurait préféré les garder plutôt que de les confier à des républicains, conseille alors au maire de les vendre, l'argent obtenu pouvant rembourser l'emprunt accordé par le conseil municipal pour la restauration de l'église. Le maire, sensible à ces arguments économiques, accepte, à condition qu'une copie soit faite des documents.

L'abbé François Béranger Saunière.

Suite page 52

HORIZONTALEMENT

1. Salut mondain.

2. Proche.

3. Familièrement désuètes.

4. Tête de canard. – Teintai.

5. Exister. – Seraient bons s'ils étaient ordonnés…

6. Monnaies roumaines. – Abraham y est né.

7. Le bon pasteur les rassemble.

8. Les îles Lérins après un raz-de-marée ? – Points opposés.

9. Massif méditerranéen.

VERTICALEMENT

A. Métropole espagnole.

B. Pilotes.

C. Chargé d'électricité. – S'amusait.

D. Dans le zodiaque, il y en a douze. – Baie japonaise.

E. Biblique avaleur de lentilles. – Perler à demi.

F. Petite prune.

G. Des montagnes d'Amérique.

H. Niée sans N. – Ville du Piémont.

I. Héros de la guerre de Troie. – Métal précieux, et chute du précédent.

Grille n° 24

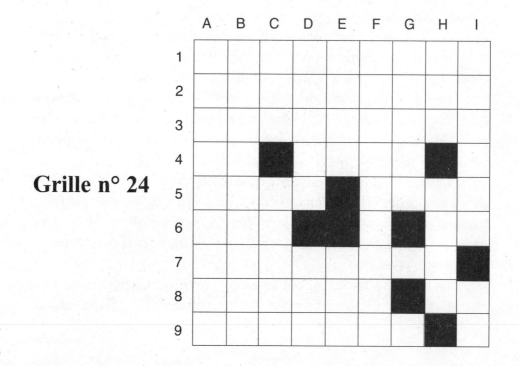

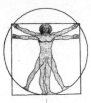

Le prêtre se rend aussitôt à l'évêché de Narbonne afin de demander conseil auprès de son supérieur, Mgr Billard. L'évêque conseille à Saunière de faire traduire les messages codés qui s'y trouvent calligraphiés, et pour cela d'aller à Paris, au séminaire Saint-Sulpice. Il donne une grosse somme à son curé et lui laisse entendre qu'il est au début d'une grande aventure primordiale pour lui et pour la France.

Intrigué, Saunière se rend à Paris, où il est admis dans le cercle fermé des prêtres de Saint-Sulpice. Un jeune abbé, Émile Hoffet, entreprend la traduction des documents. Profitant de ces quinze jours de vacances Saunière découvre la capitale, visite les musées…

Ses nouveaux amis se chargent de lui en montrer les curiosités. Il fait ainsi la connaissance du compositeur Debussy, de la cantatrice Emma Calvé (qui sera sa maîtresse), de l'éditeur religieux Ané et d'autres personnages ayant tous comme point commun une passion pour l'ésotérisme.

La traduction des documents achevée, l'abbé Saunière quitte Paris pour rejoindre sa paroisse de Rennes-le-Château. Les prêtres de Saint-Sulpice lui ont remis une somme d'argent représentant le produit de la vente des documents. Une vente certainement fictive : on ignore toujours à qui les prêtres auraient pu proposer ces documents.

On ne sait pas non plus si Saunière est reparti avec la traduction intégrale ou seulement une partie. Il semblerait toutefois que tout lui a été remis, afin de mener à bien ses futures recherches.

Dès son retour, le prêtre entreprend de nouvelles restaurations dans l'église du village. Ces travaux ne portent pas sur les points les plus délabrés de l'édifice religieux, mais sur des endroits précis, comme les pierres tombales jonchant la vieille bâtisse.

Les ouvriers qui travaillent avec l'abbé commencent à parler : on aurait trouvé des objets d'un éclat doré, peut-être d'anciennes pièces… Comme pour mieux entretenir le mystère, l'abbé s'isole régulièrement dans l'église, chassant les manœuvres pour continuer à exécuter seul des travaux mystérieux.

La rumeur s'enfle, le curé aurait trouvé quelque chose et ne veut pas le montrer. Il faut dire que le comportement de Saunière est

Suite page 56

HORIZONTALEMENT

1. Félicité atteinte par le saint.
2. Langue du Sud. – D'un copain.
3. Bateau. – Courte saison.
4. Écorce de chêne. – Démonstratif inversé.
5. Enlève. – Amusé. – Un peu de perte.
6. Celui qui raconte.
7. Une tunique sans QU ni tête.
8. Examinai.
9. Lettres de neveux. – Exploitation agricole.

VERTICALEMENT

A. Habitant de la côte est des États-Unis.
B. Resplendissante.
C. Très cher.
D. Principe oriental. – Solide, mais inversé.
E. Autoritaire.
F. Une goutte de tisane. – On y dort. – La fin d'Aglaë.
G. Ventre de pucelle. – Prince arabe ou roi du pétrole.
H. Un dateur qui n'est pas à jour.
I. Conductrice de courant.

Grille n° 25

*La chapelle de la Vierge, dans l'église Saint-Sulpice de Paris.
L'escapade de l'abbé Saunière y fut-elle uniquement touristique ?*

HORIZONTALEMENT

1. Peintre italien (1573-1610) de *Madeleine endormie*.
2. Brillantes.
3. Assurent.
4. Figurines ou pansements sur le pouce.
5. Quartier de Mogador. – Quartier de Genève.
6. Enregistras pour le petit écran.
7. Voisin de l'Espagne et d'Andorre.
8. Venus. – Bouleau.
9. Supportent les rails.

VERTICALEMENT

A. Faisant un bruit de vagues.
B. Diriger avec le personnel.
C. Fit un cérémonial.
D. Appuya de bas en haut. – Fin féminine de participe.
E. On s'y enfonce ou on y met des fleurs. – Le Gave en crue.
F. Précédent.
G. Des gîtes incomplets. – Planchers.
H. Serait bienvenue dans l'autre sens. – Étui.
I. Fatigués et énervés.

Grille n° 26

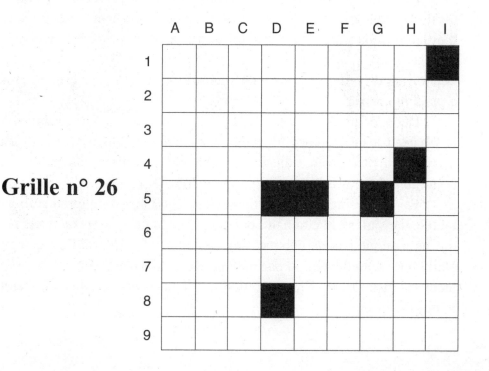

étrange. Sitôt rentré, il a remis au maire une somme de 2 000 francs or, issue, soi-disant, de la vente des parchemins. Mais depuis, il ne cesse de s'agiter, courant de droite à gauche, parcourant la campagne, surveillant les travaux de restauration, parlant peu.

L'une de ses lubies est de faire construire dans son jardin une grotte en rocaille, avec des pierres des environs qu'il va chercher régulièrement, comme est en train de le faire, en Ardèche, le facteur Cheval. Il arrive ainsi fourbu dans le village, le dos courbé sous le poids d'un sac plein de caillasse.

Ses paroissiens s'étonnent d'un tel engouement. Des cailloux, il y en a partout, et il n'est pas nécessaire de battre la campagne pour en trouver ! Souvent, il quitte le bourg pour aller en ville. Plus tard on saura qu'il ramène de fortes sommes d'argent d'origine inconnue.

La fortune de l'abbé semble s'accroître en même temps que son mystère s'épaissit. Avec sa jeune bonne Marie Denarnaud, qui est pour l'abbé beaucoup plus qu'une servante, Saunière va aussi de nuit dans le cimetière. Il y profane des tombes, et détruit des inscriptions sur certains tombeaux…

Le maire lui demande des explications. Le prêtre lui explique qu'il agit ainsi afin de réorganiser le cimetière trop étroit. Saunière fera d'ailleurs construire plus tard un ossuaire afin de vider quelques emplacements funéraires. Il devient évident que l'abbé, grâce aux documents du pilier et à ses recherches, a fait une découverte et qu'il a pu la monnayer.

Dès lors de nombreux visiteurs commencent à affluer à Rennes-le-Château afin de rencontrer cet étrange prélat. On y aurait vu un secrétaire d'État, un archiduc d'Autriche, une cantatrice (Emma Calvé) et nombre de mystérieux personnages vêtus de sombre…

En 1896, après cinq ans de travaux, l'église est entièrement restaurée, dans un style étonnant, peu conforme à celui alors en usage, et qui ne manque pas de choquer ses visiteurs. Mgr Billard, l'évêque de Narbonne, dont dépend la paroisse de Rennes-le-Château, a même un léger malaise lors de l'inauguration de l'église rénovée, mais la bénit toutefois.

Suite page 58

HORIZONTALEMENT

1. Décoration sinueuse.
2. Infime.
3. Pure et impure à la fois ! – Un époux bouleversé.
4. Sommet de la Montagne noire. – Rester grand ouvert.
5. Meulait.
6. Renvoie le fidèle dans le monde profane. – S'éteint.
7. Pronom. – Bourgade parisienne, avec observatoire.
8. Encore pure et impure à la fois ! – Port cher à Brassens.
9. Façons de boire.

VERTICALEMENT

A. Diminuer.
B. Répliquera.
C. Quand les reins ne remplissent plus la vessie. – Parti politique.
D. Sculpteur de colonnes. – Changea de voix.
E. Préposition. – Ne se rend qu'une fois.
F. Plante ornementale et dépurative, utilisée pour soigner la gale.
G. Tranquillité.
H. Cette mule a trop rué dans les brancards. – Incongruité sonore.
I. Enfouie de bas en haut.

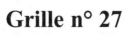

Grille n° 27

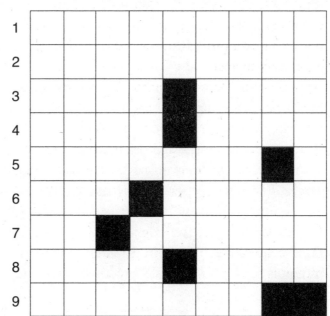

Dès l'entrée, sur le porche, le visiteur peut lire la devise latine *Domus mea orationis vocabitur*, ce qui signifie *Ma maison sera appelée maison de prières*. L'étonnant est que la citation complète, tirée du Nouveau Testament, se termine par *mais vous en avez fait une maison de voleurs*, ce qui ne manquera pas de nourrir les interprétations. Plus haut, Saunière a fait inscrire une autre sentence latine, surprenante elle aussi, *Terribilis iste locus, Ce lieu est terrible*.

La décoration, elle aussi, surprend.

C'est un diable grimaçant (de douleur?), aux membres tordus, qui soutient le bénitier. Au-dessus, quatre anges esquissent chacun un des gestes du signe de croix. Une inscription précise que *Par ce signe tu le vaincras*. La phrase latine authentique (celle de l'oriflamme de l'empereur Constantin) est *In hoc signo vinces, Par ce signe tu vaincras*. Pourquoi Bérenger Saunière a-t-il ajouté le pronom? Parce qu'il a, lui, vaincu ce démon, pour trouver son trésor? Ce diable dont le regard fixe le dallage mosaïque noir et blanc du centre de l'église, là où Saunière a effectué des fouilles…

Les autres statues du temple, elles aussi, présentent des étrangetés. On en compte deux de saint Antoine. Une de saint Antoine de Padoue, celui que l'on prie pour retrouver des objets perdus (et des trésors?) et l'autre de saint Antoine l'Ermite, celui qui, dans le désert, a résisté au diable qui le tentait avec des monceaux d'or. Deux autres statues représentent Jésus. Dans la première, Joseph le tient dans ses bras, dans la seconde c'est Marie. Il existe peu d'églises où le Christ est représenté deux fois enfant. Un Messie qui se retrouve partout dans cet édifice, en sculpture, en peinture…

La fresque du fond le montre sur le mont des Béatitudes. Un paysage qui ressemble étrangement au panorama local : le Christ est sur un terrain fleuri, et plus loin se trouve une pierre en forme de bourse, percée d'un trou, un peu comme une grotte; coïncidence, ou allusion?

Autre personnage représenté dans cette église, Marie-Madeleine. Sa présence se justifie, dans cette église qui lui est dédiée. Dans le Midi, cette sainte, qui oignit le Christ avec un parfum précieux, n'a pas la réputation sulfureuse de prostituée. Une légende affirme qu'elle

Suite page 60

HORIZONTALEMENT

1. Homme de peine.

2. Tourne à l'endroit pour imprimer le journal. – Prénom de duchesse.

3. Écrivain.

4. Imperméable de détective, avec un *coat*. – Pronom.

5. Interjection. – Eau à la source.

6. Les régimes alimentaires prétendent l'être.

7. Damasquiner.

8. Désignés pour un César.

9. Préposition. – Situé. – Déesse terrestre.

VERTICALEMENT

A. Crayon à papier oui, convoyeur d'explosifs, non.

B. Auscultent les bronches.

C. Ville éternelle. – Lettres de mécréant.

D. Copies.

E. Pris sur un dimanche. – Réuni sans chef.

F. Ennuyeuses.

G. Département bouleversé. – Peuvent être plastiques ou populaires…

H. Prénom d'infante. – Pronom.

I. Vin d'Espagne. – Peut être piétonne.

Grille n° 28

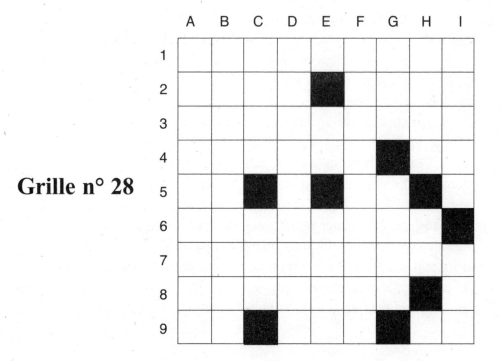

quitta la Palestine après la mort de Jésus, et qu'elle débarqua sur les côtes de Provence où elle s'établit.

D'aucuns disent qu'un enfant l'accompagnait. Ce garçon, son fils, avait pour père le Christ, et de lui serait issue la lignée mérovingienne (voir le *Prieuré de Sion*).

Marie-Madeleine se serait établie près des Saintes-Maries-de-la-Mer dans une grotte appelée la Sainte-Baume. Cette grotte a été, pour les compagnons, un lieu de pèlerinage, et une étape incontournable de leur Tour de France. Existe-t-il un lien entre leurs traditions secrètes et les découvertes de l'abbé Saunière ?

Dans l'église de Rennes-le-Château, Marie-Madeleine est souvent à côté du Christ, priant, pleurant ou bien représentée en majesté comme la Vierge Marie. Le secret de l'abbé se trouve-t-il dans l'histoire sulfureuse de Marie-Madeleine ?

Le chemin de croix ne présente pas un intérêt notable dans la mesure où il n'est pas une création originale de l'abbé comme certaines peintures de l'édifice. Cependant, comme dans l'église de Saint-Sulpice à Paris (où Saunière fut reçu), il se parcourt à l'envers.

Son presbytère restauré, le curé se fait bâtir en 1900 une villa, nommée *Béthania* (bourg proche de Jérusalem, où résidait Lazare, l'ami de Jésus, et sa sœur Marie). Alors que la demeure – avec une verrière, ce qui apparaît comme un comble du luxe – n'est pas encore achevée d'autres ouvriers commencent l'érection d'une tour néomédiévale, destinée à être la bibliothèque de Saunière, baptisée *Magdala* (bourg sur le lac de Tibériade, d'où est originaire Marie-Madeleine).

Saunière, à grands frais, fait aussi édifier des jardins dans son domaine qui occupe une grande partie du plateau pierreux de Rennes-le-Château. Les ouailles du dispendieux abbé ne s'en montrent pas jalouses, car ce dernier redistribue aux plus pauvres une bonne partie de sa mystérieuse manne, en même temps qu'il reçoit de plus en plus d'inconnus à Béthania. Ce train de vie, surprenant pour un simple curé de campagne, dans une région pauvre, ne fait l'objet d'aucune remontrance de la part de ses supérieurs hiérarchiques, tant que Mgr Billard

Suite page 62

HORIZONTALEMENT

1. Non venimeuse, mais difficile à avaler.

2. Dame oiseau.

3. Tricot à mettre à l'endroit. – Résidence d'une favorite.

4. Archipel miniature. – Souverain retourné.

5. Du cassis et de l'eau-de-vie (mot composé).

6. Le meilleur. – Conditionnel. – Au cœur du pain, à l'endroit.

7. Voyelles d'égal. – Négation.

8. Un douzième de livre. – Quand on le fait, on surveille.

9. Donne à manger.

VERTICALEMENT

A. Escargot en spirale.

B. Ragoûts très épicés. – Négation anglaise.

C. Habituel. – Bouclier et monnaie.

D. Larves. – Commencement de l'erreur.

E. Article arabe. – Pénible rengaine.

F. Soûla à la fin. – Fait.

G. On y circule en gondole. – Habitudes.

H. Potions de couleur rouge pour aider à la cicatrisation.

I. Tout au bout.

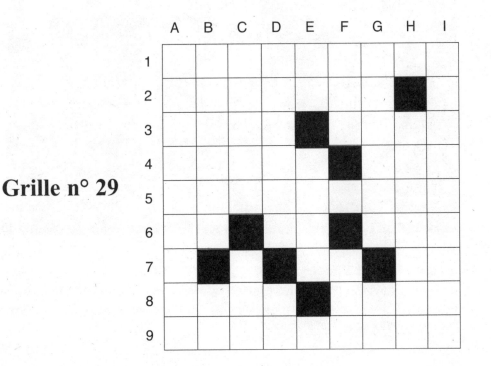

Grille n° 29

dirige l'évêché de Narbonne. Le nouvel évêque, Mgr Beauséjour, lui, s'en étonne, en 1902. Après s'être renseigné sur les origines et la fortune de ses parents, il convoque l'abbé. Il craint que Saunière ait monté un trafic de messes, c'est-à-dire qu'il se fasse payer pour des cérémonies qu'il n'effectue pas. Saunière reste vague et ne lui révèle rien de la provenance de ses revenus, confirmant ainsi les doutes de son nouvel évêque. Lorsque ce dernier lui demande une estimation des travaux

En 751, Childéric III est déposé, par Pépin le Bref, tonsuré et enfermé dans un monastère près de Saint-Omer où il va mourir en 754. Avec lui s'éteint la dynastie mérovingienne, qui a régné près de trois siècles sur la France et lui a donné onze rois. C'est ce que dit l'histoire de France, et que nie la thèse de « l'Énigme sacrée » soutenue par le prieuré de Sion…

Suite page 64

HORIZONTALEMENT

1. Roi mérovingien.

2. Faisait disparaître.

3. Fait des traits réguliers.

4. Impressionnables.

5. Chiffre rond. – Rigole.

6. Adressent n'importe comment.

7. Fin de la calvitie. – Chiffre rond.

8. Commence vendredi. – Une note sans voyelles. – Ruisselle.

9. Ont des revenus minimums.

VERTICALEMENT

A. Mène l'enquête.

B. Fournir.

C. Révolutionnaire non montagnarde.

D. Oublier.

E. Les débuts de Bilitis. – Négation.

F. Grisants.

G. Furieuse.

H. Gardas. – Certaine.

I. Guide le 3 horizontal. – Non !

Grille n° 30

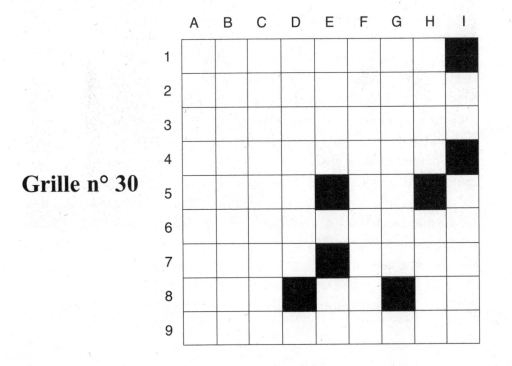

réalisés dans l'église et le presbytère, l'abbé lui remet des devis trafiqués, fortement minorés. L'évêque décide alors de traduire Saunière devant un tribunal ecclésiastique. Après six mois de débats, le prêtre de Rennes-le-Château est *suspens a divinis*, en 1908. Il n'a plus le droit de célébrer la messe, ni d'administrer aucun sacrement. Bérenger Saunière s'insurge, engage un avocat et commence à Rome une longue procédure afin de réintégrer le giron de l'Église. Cela se fait en 1913, le Vatican ayant cassé le jugement.

Parallèlement, des difficultés pécuniaires surgissent. Le flot d'or semble épuisé. Entre 1910 et 1915, Bérenger Saunière ne parvient pas à payer ses somptueux travaux et son train de vie s'amoindrit. Il est obligé de faire un emprunt.

Mais en 1916-1917, l'argent revient. L'abbé s'achète une voiture. La route, pour aller de son village à la ville, n'est pas carrossable ; aussi fait-il empierrer les quatorze kilomètres reliant Rennes-le-Château à Couiza pour son seul usage ! Toutefois, il ne profite pas longtemps de cette nouvelle manne : il s'éteint le 17 janvier 1917.

Villageois et personnalités lui rendent un dernier hommage. Sa mort, comme sa vie, reste mystérieuse. On prétend que le prêtre venu lui donner son absolution, son ami l'abbé Rivière, la lui refuse, et qu'il ressort effrayé de la chambre de l'agonisant. Quelles ont donc été les si terribles confidences de Bérenger Saunière ?

Son testament, dont on attend des révélations, se révèle décevant : l'abbé ne possédait rien, seule sa compagne Marie Denarnaud était propriétaire, depuis le début, de tous ses biens immobiliers, mobiliers et financiers. Cette femme, qu'il a connue fort jeune, sera la dernière détentrice de son secret. Elle vivra très à l'aise pendant plusieurs années, profitant de rentes importantes ou bien de réserves monétaires.

Après la Seconde Guerre mondiale, à cause de la fausse monnaie et du marché noir, les autorités françaises décident de changer les billets en circulation ; Marie Denarnaud, plutôt que de justifier de sa fortune en allant changer les vieilles coupures à la banque, s'en débarrasse en les brûlant ! Devenue pauvre après cet acte, elle vend en viager Béthania, qui est transformée en hôtel, et promet à son acheteur de

Suite page 68

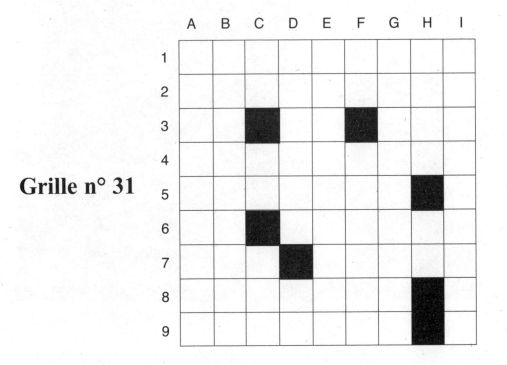

HORIZONTALEMENT

1. Robert Langdon y loge à Paris, après Hemingway (deux mots).
2. Plus qu'étonné.
3. Note. – Romains. – En sus…
4. Première.
5. Caucasiens.
6. Pieuse abréviation. – Un Valois bien malmené.
7. Préfixe de nouveauté. – Sillon mal commencé.
8. Compris.
9. Pour le rangement mural.

VERTICALEMENT

A. Accrochée.
B. Respectent les ordres.
C. Pronom. – Restes. – Enleva.
D. Ville d'eaux, bien orientée. – Manifestation d'égoïsme.
E. Pas proche du tout.
F. Ruisselet. – Un drille brouillon, mais malgré tout joyeux.
G. Indécise.
H. Tard, et compliqué. – Direction.
I. Mammifères à la précieuse fourrure.

Grille n° 31

La tour néo-médiévale Magdala, bibliothèque de Béranger Saunière.

HORIZONTALEMENT

1. Candidat.

2. Doctrine.

3. Proférée par le Vatican, mais de droite à gauche.

4. Chaleur animale. – Une aire bombardée.

5. Errai, ses lettres aussi.

6. Deux mille romain. – Plante potagère.

7. Habitants d'Umea, en Suède?

8. Tinter. – Meilleur avec la moelle.

9. Elle commence… (néologisme).

VERTICALEMENT

A. Rocailleuse.

B. Parfum. – Possessif.

C. Émotion.

D. Pronom. – Se dégagea.

E. Victoire napoléonienne. – Pâté chinois.

F. Prénom féminin. – Fait briller.

G. Provoque.

H. Noyau terrestre. – Branchée pour être entendue, mais pas dans ce sens.

I. Pronom. – Blond vénitien.

Grille n° 32

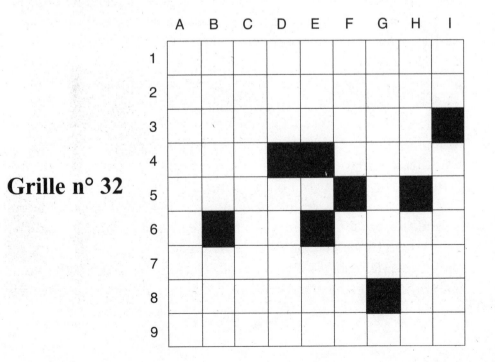

lui confier un secret qui le rendra riche. Mais elle meurt le 29 janvier 1953 d'une attaque sans avoir eu le temps de faire la moindre confidence sur l'étrange fortune de l'abbé Saunière.

Dès la disparition de Marie, qui n'est plus là pour défendre sa mémoire, on raconte que l'abbé Saunière a trouvé l'or du diable. En faisant des restaurations dans l'église l'abbé a certes pu trouver un petit trésor. La région de Rennes-le-Château a connu une histoire tourmentée. Pendant la Révolution, un prêtre a pu cacher des biens précieux, éventuellement confiés par des royalistes en fuite, afin qu'ils ne soient pas dérobés par les révolutionnaires. Les églises étaient considérées, au début de la Révolution, et surtout dans les provinces, comme inviolables. En déplaçant une dalle, dite *Dalle des Chevaliers*, que l'on voit encore de nos jours, Saunière peut avoir mis à jour ce pactole.

L'abbé avait l'habitude de se promener dans la région pour soi-disant chercher de belles pierres pour sa rocaille. Là encore il aurait pu trouver une cachette renfermant des biens précieux. Il les aurait ramenés dans son église, cachés sous des pierres, la rocaille n'étant qu'un prétexte. Une question se pose : qui lui aurait indiqué l'éventuelle cachette, ou du moins conseillé de chercher à tel ou tel endroit ?

Cet informateur pourrait être l'abbé Boudet, prêtre de Rennes-les-Bains, bourgade voisine, et érudit local. Cet abbé a écrit un obscur ouvrage intitulé *La Vraie Langue celtique*. Il aurait pu envoyer Saunière à travers le pays là où son âge ne lui permettait plus d'aller.

D'ailleurs, c'est à la mort de l'abbé Boudet, en 1915, que Saunière retrouve l'abondance qu'il avait perdue. Le Razès, la région de Rennes-le-Château et de Rennes-les-Bains fourmille d'histoires sur les différents trésors qui y auraient été enfouis au cours des siècles. Parmi eux, on peut citer :

– le trésor des Templiers de Rennes-le-Château, les seuls qui n'auraient pas été inquiétés par la police de Philippe le Bel ;

– le trésor de la reine Blanche de Castille, enfuie de Paris durant une émeute (les nobles s'étaient révoltés lors de sa régence). Elle aurait fait cacher des biens précieux dans la région, pacifiée depuis peu par son défunt époux Louis VIII, vainqueur des derniers cathares ;

Suite page 70

HORIZONTALEMENT

1. Grimoire.

2. Apaisera.

3. On le donne au musicien. – Métal brillant.

4. Pittoresque village de la région niçoise. – Sudiste en retraite…

5. Désordres populaires.

6. Entrée brutale.

7. Petite compagnie. – Lorsqu'on l'est, on le fait en tombant…

8. Estée en dépit du bon sens. – Dieu latin retourné.

9. Cardiaux opposés et polaires. – Habituels.

VERTICALEMENT

A. Sortilèges.

B. Vit sur les rives d'un grand fleuve.

C. La colère du petit. – Possédâtes.

D. Un duc bouleversé… – Tête de Troyen. – Tête de Turc.

E. Se mettent sous les tasses, ou s'envolent…

F. Demi-cri d'oiseau. – Diminutif d'un prénom féminin.

G. Relit.

H. Tellement indécis qu'il n'a pas LU. – Début d'élucubration.

I. Ancienne monnaie chinoise. – Refuges.

Grille n° 33

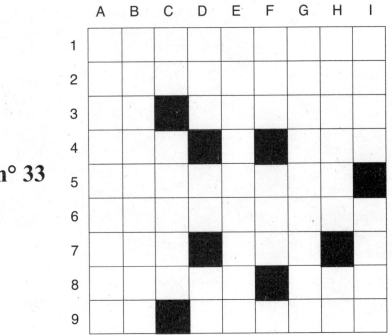

– le trésor des cathares. Montségur n'est pas loin et les parfaits eurent le temps de cacher certains biens avant l'assaut final ;

– le trésor qu'Alaric, roi des Wisigoths, aurait rapporté après avoir mis Rome à sac ; parmi les biens pillés, le trésor du temple de Jérusalem, lui-même pillé par les Romains en 70 apr. J.-C…

Précisons que plusieurs statues et blocs de pièces d'or agglomérées ont été retrouvés dans la région, depuis le XVIIe siècle.

On a soupçonné, à l'instar de son évêque, l'abbé Saunière de trafic de messes. Un prêtre catholique n'avait pas le droit à l'époque de célébrer plus de trois messes rémunérées par jour. Même s'il se livrait à un tel trafic dans les milieux les plus aisés, il n'aurait pu avoir autant

Les peintres Claude Lorrain (1600-1682), Nicolas Poussin (1594-1663) et Le Guaspre (1613-1675) dans la campagne romaine.

Suite page 72

HORIZONTALEMENT

1. Pays cathare.
2. Plante à fleurs jaunes, qui passait pour fortifier la vue des rapaces.
3. Gravement intoxiqués.
4. Roi d'Éthiopie. – Possessif.
5. Bêtes de somme. – Prénom féminin préféré du A vertical.
6. Rudes et mal foutus.
7. Pérorai.
8. Tête d'ocelot. – Avec *in*, s'oppose à *in vitro*.
9. Prononce du nez, et à l'envers !

VERTICALEMENT

A. Prénom italien d'un génie dont il est souvent question dans ce livre.
B. Morceau qui dépasse.
C. Blanchies par le temps.
D. Coqs de bruyère.
E. Quelques motifs de soulèvement. – Unique.
F. Voyelles de révisa. – Art ou rat, dans les deux cas, il est abstrait.
G. Joueurs de roulette.
H. Bordures. – Perroquet.
I. Arrêt.

Grille n° 34

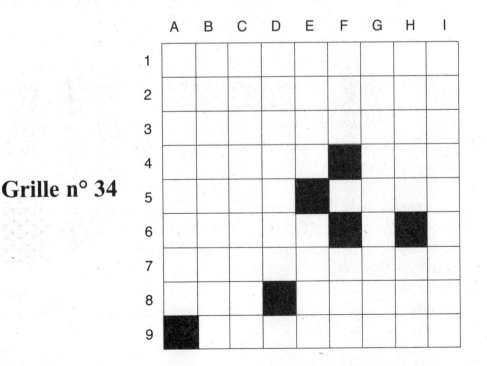

de revenus ; l'abbé, à la fin de sa vie, avait signé un devis de huit millions de francs or, ce qui équivalait, au tarif alors en vigueur, à une bonne dizaine de millions de messes !

Cette hypothèse n'est pas recevable.

Alors ? Un trésor de papier ? L'abbé a-t-il trouver des parchemins relatant la généalogie d'une grande famille, qu'il aurait monnayés auprès des descendants ? Aurait-il été payé, parce que curé, pour exhumer des biens dissimulés dans sa paroisse ? Il aurait été envoyé à Rennes-le-Château pour mettre à jour des objets et des parchemins qu'*On* y avait cachés. En échange de ses services l'abbé aurait reçu de très fortes sommes d'argent qu'il aurait placées dans différentes banques. Qui est *On*, s'il a existé ?

Des Habsbourg auraient fréquenté l'abbé Saunière, mais pourquoi ? Parce que l'abbé avait découvert un secret gênant pour la famille, qu'il faisait chanter ? Ou parce qu'il aurait retrouvé dans la crypte de son église les attributs sacrés du Saint Empire, y compris le casque de l'empereur Constantin, ce dont l'aurait remercié la famille impériale alors régnante en Autriche par des dons substantiels…

Et l'abbé Saunière a-t-il été aussi riche que la légende le prétend ? A-t-il trouvé un authentique trésor ou de simples magots ?

Désormais, l'abbé Saunière et son trésor appartiennent à la légende, à l'histoire locale, et aux chercheurs qui, régulièrement, hantent l'étrange église de Rennes-le-Château et que la population locale, lasse de voir son sous-sol transformé en termitière, tolère à condition qu'ils ne s'affichent pas avec des pelles et des pioches. Chercheurs qui ne manquent pas, non plus, de se pencher sur les *Bergers d'Arcadie*.

Lors de son séjour à Paris, l'abbé Saunière a tenu à visiter le musée du Louvre. Il y a acheté quelques reproductions de peintures célèbres. Entre autres, une copie d'un des deux tableaux que Nicolas Poussin (1594-1665) a consacré aux *Bergers d'Arcadie* (le second se trouve en Angleterre). La surprise de ce tableau, qui respecte le coefficient mathématique du nombre d'or (1,618), est que le paysage reproduit à l'arrière-plan de la peinture correspond au panorama de la

Suite page 74

HORIZONTALEMENT

1. Celui de Saint-Sulpice est convoité, dans le *Da Vinci Code*.
2. Dernier des Carolingiens, dit le Fainéant.
3. Début d'initiation. – Traces d'un resquilleur…
4. Pas plate.
5. Faste.
6. Morceau de liane. – Un pot vide de voyelle.
7. Correcteurs qui lisent à l'envers.
8. Un trou mal creusé. – Rivière affluent de la Seine et département.
9. Altérées, pour des cellules.

VERTICALEMENT

A. Récolte des olives.
B. Famille impériale.
C. Une pluie qui tombe mal. – Pas cuit, et inversé.
D. Mesure chinoise. – L'un fait les carreaux, l'autre est raton.
E. Tino pour les intimes, il ne chantait pas la tête en bas.
F. Films en projet.
G. Un Charles d'Autriche et d'Espagne au chiffre abîmé. – Existence.
H. Soudée. – Appuie.
I. Nécessitent une monture.

Grille n° 35

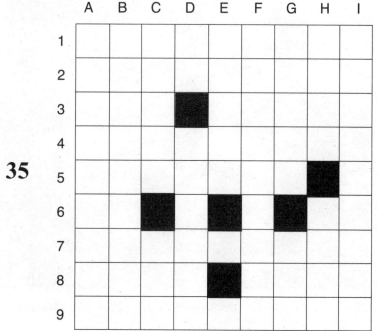

région de Rennes-le-Château (roc de Toustoune, montagne de Cardou et crête de Blanchefort), panorama visible à partir d'un endroit bien précis, entre Rennes-le-Château et Couiza, sur la route que l'abbé voulut rendre carrossable.

Il y a encore quelques années s'y trouvait un tombeau similaire à celui que Poussin avait peint. Il y serait encore si son dernier propriétaire, rendu furieux par l'afflux des curieux, ne l'avait fracassé à coups de masse. Tombeau qui n'avait pas grande valeur historique, ou ésotérique, puisqu'il datait du début du XXᵉ siècle.

Mais personne n'a encore pu expliquer pourquoi Poussin avait pu peindre aussi précisément le paysage d'une région dans laquelle il n'avait jamais mis les pieds ! La personnalité de Poussin est elle aussi une énigme. Il était lié à des mouvements hermétistes, et son œuvre comporte de nombreux symboles et termes ésotériques. On sait qu'il fut lié au financier Fouquet (celui-là même qui subit la vindicte de

Les Bergers d'Arcadie *de Nicolas Poussin.*

Suite page 78

HORIZONTALEMENT

1. Grand moulin.

2. Ignobles.

3. Bien venu. – Torturés, avant d'être tués ?

4. Accident d'artère.

5. Petit saint. – On la demande, pour un mariage.

6. Coupe-bourse ou vide-gousset (mot composé).

7. Décapité. – Manche du match.

8. Réduit.

9. Famille de Ferrare, villa de Tivoli. Chaîne franco-allemande.

VERTICALEMENT

A. On y enferme des gens de robe.

B. Similitudes.

C. Négation. – Entrée du restaurant ou pièges mal ficelés.

D. Indigne du grand artiste.

E. Abattre. – Finir de parler.

F. Évalua, ou admira. – Un peu de réalité.

G. Reprendre.

H. Ville de Bourgogne. – Creusent.

I. Fille très familière.

Grille n° 36

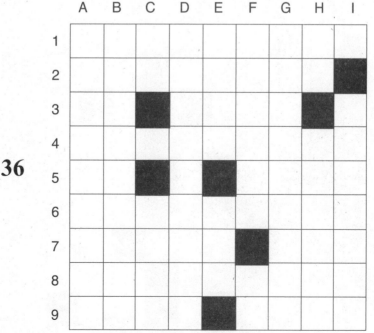

HORIZONTALEMENT

1. Son arc de triomphe est près du Louvre.
2. Petite veine.
3. Préfecture de l'Aisne. – Déchiffré.
4. Entasserai.
5. Fait le mouton – Se fait à deux.
6. Démissionnent.
7. Petit cycle. – Se franchit à pied sec. – Un amen sans consonnes.
8. Rivière de Guyane française. – Posé.
9. Ouvres grand à l'envers. – Île et note.

VERTICALEMENT

A. Italien du Sud.
B. Haute-Mésopotamienne.
C. Des aortes greffées ? – La fin du plaisir.
D. Informe.
E. Métal. – Canal d'irrigation en Afrique du Nord.
F. Un mille-pattes qui les a emmêlées. – Négation.
G. N'entend rien. – Un *mister* abrégé.
H. Article arabe. – Il y pousse des aulnes.
I. Champignons.

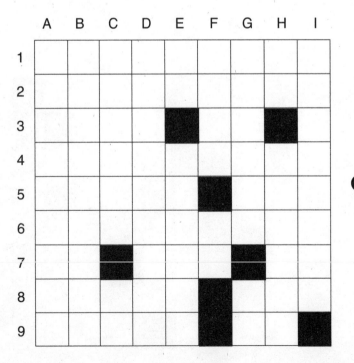

Grille n° 37

HORIZONTALEMENT

1. Il est plus facile de les faire que de les tenir.

2. Vendeuses d'oiseaux.

3. Coupeurs de tête.

4. Assécher. – Faire le cerf.

5. Nouas un cordage.

6. Le meilleur. – Mélange de tout.

7. Construis à l'envers. – Organisme mémoire de l'audiovisuel français.

8. Commence l'école. – Recueillait la résine.

9. De mammifères marins.

VERTICALEMENT

A. Elles taquinent la muse.

B. Souffrir de bas en haut. – Là et pas ailleurs.

C. Oserait même de travers.

D. Mélange.

E. Début d'une élégie. – Fils arabe.

F. Peintre des bords de Seine (1859-1891). – Note.

G. Place trop haut.

H. Crochet. – Il ne voulait pas partager sa semence.

I. Pronom. – Suppliciais.

Grille n° 38

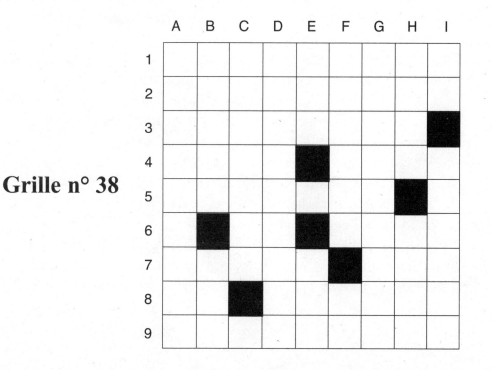

Louis XIV, jaloux de sa magnificence), qui lui passa de nombreuses commandes. Il y a quelques années, une lettre, datée de 1656, a attiré l'attention : elle fut envoyée à Nicolas Fouquet par son frère, après une discussion qu'il avait eu avec le peintre, à Rome.

« Monsieur Poussin et moi, nous avons projeté certaines choses dont je pourrai vous entretenir à fond dans peu, qui vous donneront par monsieur Poussin des avantages que les rois auraient grande peine à tirer de lui, et qu'après lui peut-être personne au monde ne recouvrera jamais dans les siècles à venir ; et ce qui plus est, cela serait sans beaucoup de dépenses et pourrait même tourner à profit, et ce sont choses si fort à rechercher que qui que ce soit sur la terre maintenant ne peut avoir fortune meilleure ni égale. »

Que savait donc le peintre pour pouvoir tant promettre ? En 1661, d'Artagnan, capitaine des mousquetaires du roi, arrêtait Fouquet, mettant fin à sa carrière. Le tableau de Poussin *Bergers d'Arcadie*, fut acquis par Louis XIV, qui le fit enfermer dans ses appartements privés, afin de pouvoir seul le contempler.

Ce tableau recèle peut-être une des clefs de l'énigme de Rennes-le-Château. Ces bergers, qui tiennent un bâton, scrutent avec attention un tombeau perdu dans la montagne. L'un d'eux déchiffre l'inscription *Et in Arcadia ego*, un autre semble interroger du regard le seul personnage qui ne soit pas penché, visiblement satisfait (position des bras) de la découverte. Un quatrième, au fond, contemple la scène.

L'Arcadie est un de ces pays mythiques où rôdent les morts. Un pays que les humains ne peuvent atteindre qu'après leur trépas. *In Arcadia ego* peut signifier « Et moi je suis en Arcadie », ou « J'ai été en Arcadie ». Dans les deux cas, cela concerne un personnage qui a atteint un pays mythique. Or cette inscription figurait aussi sur la stèle de la marquise de Blanchefort, que l'abbé Saunière avait déplacée dans le cimetière de l'église et cherché à effacer.

Difficile d'en savoir plus, avec ces bergers d'Arcadie ; surtout quand on sait que Nicolas Poussin avait cette devise, accolée à ses armoiries : *Tenet confidentiam*, ce que signifie « Il garde le secret » !

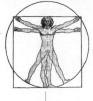

HORIZONTALEMENT

1. Saintes Écritures.
2. Se fait des nœuds naturels.
3. Achèvent.
4. Ours mal léché. – Plantes à fleurs jaunes.
5. Au cœur du tube. – Une gaine mise à l'envers.
6. Remise, mais pas hangar.
7. Quand il est bon, il mérite l'estime. – Métal.
8. Refuges, entre la taille et les genoux. – Démonstratif.
9. Des cardinaux en goguette qui ont perdu le nord. – Elle a de bons doigts, pour tenir sa baguette.

VERTICALEMENT

A. Soutient.
B. Plante à grosses fleurs pourpres.
C. Talus de terre. – Sous la fougère d'un côté, dieu archer de l'autre.
D. Façon de se nourrir.
E. Colle à oiseaux. – Conjonction inversée. – Ainsi finit la haine.
F. Ôtai subrepticement, par le bas…
G. Tire du lit la tête en bas.
H. Rivière d'Irlande. – Mariage.
I. Doivent être gagnants pour emporter le match. – Grand lac.

Grille n° 39

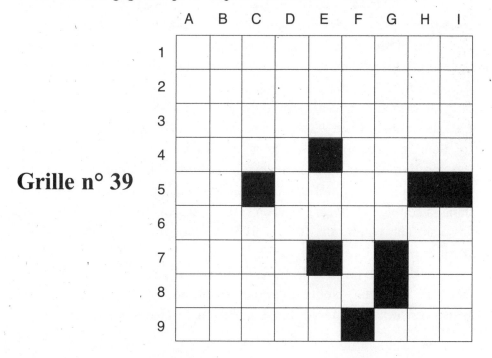

LA LONGUE QUÊTE DU GRAAL

Membre du sanhédrin, Joseph d'Arimathie est aussi, mais secrètement, un disciple du Christ. Au soir du vendredi saint, il se rend chez Pilate afin d'obtenir la permission d'ensevelir le corps du Christ. Selon l'Évangile de Nicodème (apocryphe), Pilate dit à Joseph d'Arimathie :

« Puisque cet homme t'est si cher, prends le vase dans lequel il a bu pour la dernière fois ; je t'en fais don au nom de l'amitié que tu lui portais. Et, tout aussitôt, Joseph reconnut le vase que lui tendait Pilate comme étant celui dont Notre Sire s'était servi en guise de coupe pour instituer le sacrement de son Précieux Sang, le soir de la Cène. Ayant remercié Pilate, Joseph se rendit alors avec ses deux fils au lieu même où Jésus avait été mis en croix. S'apercevant que les plaies du Sauveur saignaient encore, il recueillit le sang qui coulait de son côté ainsi que de ses mains et de ses pieds, dans le vase que Pilate lui avait donné ; puis, ayant enveloppé le corps du Christ dans un linceul tout neuf, Joseph le transporta secrètement dans le sépulcre qu'il s'était fait construire, au flanc de la montagne, en prévision de sa propre mort.

Lorsque trois jours plus tard, les Juifs apprirent que Jésus était en effet ressuscité comme il l'avait prédit, ils tinrent conseil. Ne pouvant plus s'en plaindre au Maître, ils jurèrent de se venger sur le disciple. Ayant pris Joseph, ils le murèrent en effet dans un pilier de la maison de Caïf, dont le centre était creux… »

Joseph d'Arimathie demeure emmuré dans son pilier pendant près de trente ans, ne ressentant ni faim ni soif, car la clarté du Graal lui tient lieu de nourriture ; le temps lui paraît si court qu'il croit, lorsque l'empereur Vespasien le fait délivrer à la suite de sa propre conversion à la foi chrétienne, n'avoir pas vécu plus de trois journées dans sa cellule ! Délivré, il part en Gaule, puis en Bretagne armoricaine (il laisse son empreinte dans la forêt de Brocéliande) avant de s'embarquer pour la Grande-Bretagne.

Si dès lors on perd la trace de Joseph d'Arimathie, on ne quitte pas celle du Graal, tandis qu'apparaissent, au XII⁰ siècle, les premiers textes concernant la Table ronde. Chrétien de Troyes publie son *Conte*

Suite page 84

HORIZONTALEMENT

1. Quand tout manque, ou presque.
2. Avis.
3. Abattit par-derrière. – Colères de grand-père.
4. Indiscrétion.
5. Les dessus de panier. – Passage du rein.
6. Nions.
7. Un cérémonial exécuté à l'envers. – Lèse.
8. Matrice. – Cardinaux opposés.
9. Vin blanc d'Andalousie. – Jamais de grand-père.

VERTICALEMENT

A. Mielleux.
B. Sur la veste de l'officier.
C. Transformer en nitrate.
D. Nombre premier. – Tireur embusqué.
E. Ceci sans C. – Trois cardinaux qui ont perdu le nord. – Coutumes.
F. Récoltes.
G. Un rien méconnaissable. – Victime du 1 horizontal.
H. Concerne un vent du nord soufflant en Méditerranée l'été.
I. Une toise démontée. – Bidon.

Grille n° 40

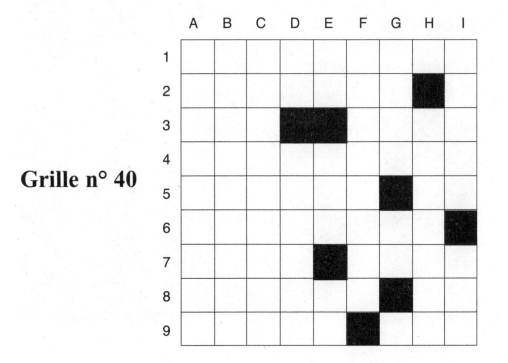

La mise au tombeau du Christ, d'après Gustave Doré.

HORIZONTALEMENT

1. Marie-Madeleine descendrait de sa tribu…

2. Rend fou.

3. Velu et mal peigné. – Une tige sans voyelles.

4. Prénom russe pour un Terrible. – Rira de travers.

5. Plante *herbe-aux-chats*, à la racine fébrifuge.

6. Conjonction. – Rassemblement d'hérétiques.

7. Gagnées.

8. Job l'était, sur son fumier. – Mal dosées.

9. Dieu aux flèches inoffensives. – Dans.

VERTICALEMENT

A. Billevesée.

B. Permet l'ascension.

C. Relatif à la neige.

D. Les vieillards parlent souvent de la leur.

E. Plus de trois cents jours… – Tenter la tête en bas.

F. Mauvais fils.

G. Peu reconnaissantes.

H. Note sans voyelles. – Une têtue chargée comme une bourrique.

I. Surveillés. – Idem le deux du 9 horizontal.

Grille n° 41

du Graal vers 1185 ; lui succède *L'Estoire du Saint-Graal* (1220-1230) rédigée par un collectif d'auteurs ; Robert de Boron est, lui, auteur d'un Joseph d'Arimathie et d'une *Queste del Saint-Graal* rédigée vers 1220.

Dans tous ces récits, il est question de la quête du Graal par les meilleurs chevaliers, telle que la définit Merlin l'Enchanteur :

« Égaré depuis des siècles, ce vase du Saint-Graal doit être recherché et retrouvé avant que cette génération ne passe. Ceux qui prendront part à cette recherche pleine de périls devront tout d'abord se renoncer à eux-mêmes mais les souffrances qu'ils endureront ne seront jamais vaines et leurs plus cruelles humiliations leur seront comptées dans l'au-delà comme autant de victoires. Et ce n'est que juste, car, aux yeux du monde, un seul triomphera... Mais afin de réserver cette queste du Saint-Graal à ceux qui en sont vraiment dignes, et à ceux-là seulement, Dieu m'a inspiré de dresser ici même, dans cette salle, une nouvelle table rappelant celle de la Cène.

J'ai voulu qu'elle fût ronde afin de permettre à tous ceux qui s'y assoiront de la faire sans nulle préséance, le Roi comme le plus pauvre de ses chevaliers. Mais pourtant, à la droite de Monseigneur le Roi, une place devra toujours demeurer vide en mémoire de notre maître à tous, Jésus-Christ, et seul aura le droit de l'occuper un jour le Meilleur Chevalier du monde. Et quiconque ne serait pas celui-là, sachez que la terre l'engloutirait s'il s'aventurait à usurper cette place périlleuse, comme elle engloutit Moïse l'Orgueilleux, au temps de Joseph d'Arimathie. »

Parmi tous les valeureux champions de la cour du roi Arthur, Perceval est l'un de ceux qui peuvent prétendre mener la Queste jusqu'à son terme. Il découvre le château du Graal, sur le *Mont-Salvat* (montagne du Salut), a le privilège d'y pénétrer mais le quitte sans en avoir pris conscience, parce que trop naïf.

Lancelot du Lac, lui aussi, peut contempler le Graal. Mais son amour pour la reine Guenièvre, femme du roi Arthur, le détourne de la quête. C'est son fils Galaad qui achève la quête en devenant le Meilleur Chevalier du Monde. Il peut contempler le vase du Saint-Graal avant qu'il disparaisse dans les nues. « Et sachez que nul, depuis

Suite page 86

HORIZONTALEMENT

1. Gens du voyage.
2. Plaisir solitaire.
3. Un rien argotique. – Un oui pas franc.
4. Donneront des couleurs.
5. Moitir de façon embuée.
6. Est égal à.
7. Mouton céleste. – Peut être de ramassage.
8. Un tennis inachevé. – Individu.
9. Petit corps céleste.

VERTICALEMENT

A. Baratina.
B. Poussent aux rêves.
C. Accoutumant.
D. Préposition. – Chouchoute.
E. Déesse ou prothèse.
F. Bourgade bourguignonne. – Vallée bretonne. – Séquelle de rougeole.
G. Un émoi visible… – Mal cuit.
H. Gaz éclairant. – S'oppose à tôt.
I. Indien. – Brame au clair de lune.

Grille n° 42

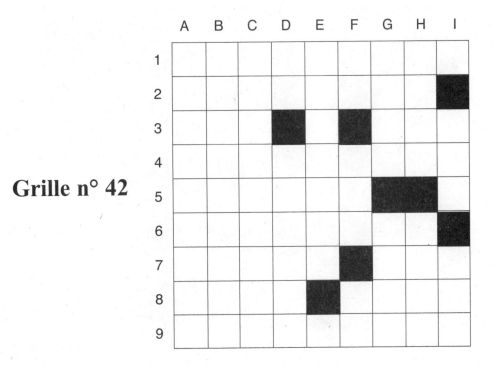

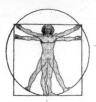
lors, si pur ou si hardi fût-il, n'a jamais pu se vanter d'avoir revu le Saint-Graal... »

Pourtant si l'on en croit l'Allemand Otto Rahn, écrivain ésotérique de la première moitié du XXe siècle (*Croisade contre le Graal*, Stock), les cathares auraient détenu le Graal. Il identifie le Montsalvage légendaire au château de Montségur. Il cite le récit d'un berger ariégeois à propos de la chute du dernier bastion cathare :

« Au temps où les murailles de Montségur étaient debout, les Purs [cathares] y conservaient le Saint-Graal. Le château était en danger, les armées de Lucifer assiégeaient ses murs. Elles voulaient avoir le Graal pour le réinsérer dans la couronne de leur prince, d'où il était tombé sur terre lors de la chute des anges. Alors, au moment le plus critique, une colombe blanche arriva du ciel et fendit de son bec le Thabor. Esclarmonde, sa gardienne, jeta le joyau sacré dans la montagne qui se referma. Ainsi fut sauvé le Graal. Lorsque les diables entrèrent dans le château, ils arrivèrent trop tard. Dans leur fureur ils envoyèrent au bûcher tous les Purs, au camp des crémats. »

Suite page 88

HORIZONTALEMENT

1. Surnom de Sophie, dans le *Da Vinci Code*…

2. Responsable de l'équipement.

3. Mettre un peu le turbo. – Est-ce pour trouver son code, qu'on l'a ainsi désarticulé ?

4. Certain globe l'est.

5. Lettre grecque. – Des aînées non reconnues.

6. Prononcé sur la croix. – Du tonnerre !

7. Chienne délicate.

8. Brille. – Donne le choix.

9. Renverront loin de leurs foyers.

VERTICALEMENT

A. Sûrement visible, dans l'œil du voisin…

B. A des boutons qui ressemblent à ceux de la rougeole.

C. Cuit au four, et à l'envers. – Romains pour un Charles ou un Louis.

D. Tête de niveleurs. – Pieds de niveleurs. – Radio.

E. Acheteuse.

F. Votent.

G. Puent ou reniflent.

H. Diminua l'amertume. – Chevalier en robe.

I. Doucereux, même inversé. – Note.

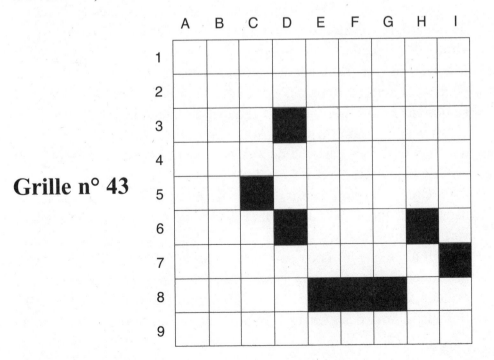

Grille n° 43

La nuit du 15 au 16 mars 1244 qui précède l'atroce bûcher de Montségur, quatre cathares auraient quitté le château, Amiel, Aicard, Hugo et Poitevin (on prétend parfois qu'ils sont accompagnés d'un inconnu), chargés d'un précieux fardeau. Si l'on en croit le témoignage de Béranger de Lavelanet, les quatre hérétiques qui sortent du château de Montségur vont *in villam de Causo*, de là *pradas* et enfin *in castrum de So* avec l'hérétique Matheus qu'ils rencontrent.

Or, le dénommé Matheus a quitté le château en compagnie du diacre Pierre Bonnet, huit semaines plus tôt en emportant le trésor constitué d'or et d'argent (selon le témoignage du sergent d'armes Imbert de Salas). Le fardeau transporté la fameuse nuit n'est donc pas d'origine matérielle mais bien plutôt spirituelle !

S'agit-il, comme l'a écrit Fernand Niel, des parchemins sur lesquels étaient écrits les secrets d'une religion qui empêchait ses adeptes de craindre la mort par le feu ? Ou la précieuse relique ayant servi à recueillir le sang du Christ, l'émeraude taillée à cent quarante-quatre facettes, en forme de coupe… le Graal ? Selon Otto Rahn, ainsi fut sauvé le Graal, la *Mani* romane, abrité dans les grottes d'Ornolac.

C'est en effet certainement dans l'une des cavernes de la région du Sabarthez qu'il repose avant d'être transféré vers l'Espagne, à proximité de la cité de Tarascon-sur-Ariège, au castrum de So, le castel de Montréal-de-Sos, l'un des plus vieux châteaux de la région, construit pendant la période romaine, placé sous la protection du roi d'Aragon, ce qui met le Graal à l'abri de l'Inquisition. De là la précieuse relique aurait poursuivi son périple en Aragon où se trouvaient deux répliques du castrum de So : castejon de Sos au nord de Huesca et Sos del Rey, près du monastère de San Juan de la Pena.

Qu'est devenu, depuis, le vase de pierre ? Il existe aujourd'hui, dans la cathédrale de Valence, un calice taillé dans une agate orientale vert émeraude que les jeux de lumière font virer jusqu'au pourpre ! Mais il n'y a que les naïfs pour voir en lui le véritable Graal !

Idem pour la coupe hexagonale en pierre précieuse, dans la cathédrale de Gênes que des croisés rapportèrent de Césarée, en 1101. Bonaparte, lors des guerres d'Italie, l'aurait faite expertiser, et serait

Suite page 90

HORIZONTALEMENT

1. Celui de Saint-Sulpice formait des prêtres.
2. Conclure longuement…
3. Variété de palmier. – Très personnel.
4. Morsure de vouivre. – Une bille mal jouée.
5. Né de. – Colline de Jérusalem, qui a son prieuré…
6. Langues baltes. – Note.
7. Colère de Godefroy de Bouillon. – Amuseur.
8. Pas en avance…
9. Conclusion de thèse. – Dispersée.

VERTICALEMENT

A. Obséquiosité.
B. Te marieras.
C. Charge pour homme politique ou homme de foi.
D. Fleuve de Chine et du Kazakhstan. – Note ou pronom inversé.
E. Fête du solstice d'hiver. – Se moissonnent quand ils sont mûrs.
F. Vindicative.
G. Voyelles de minus. – Cinquante et un romain. – Pose à l'envers.
H. Paie sa dette.
I. Sacque et casse.

Grille n° 44

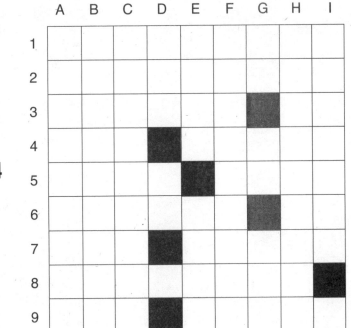

resté très sceptique quant à son authenticité, l'émeraude s'étant avérée n'être qu'un jaspe vert ! Le « vrai » Graal, lui, a bel et bien disparu, peut-être toujours dissimulé dans une mystérieuse grotte.

Et sa quête continue…

Le roi pêcheur dévoile le Graal à Perceval au château du Mont-Salvat.

HORIZONTALEMENT

1. Le gnomon de Saint-Suplice prenait en référence celle de Paris.
2. Philosophie douteuse…
3. Manipulions.
4. L'Oural travaillé par l'érosion ? – Frère servant.
5. Article inversé. – Un esprit sans présence…
6. Enlevons de droite à gauche. – Docteur anti-James Bond.
7. Des titis éparpillés. – Morceau du précédent.
8. Première épouse de Ramsès II.
9. Qualifie le docteur. – Ancienne mesure agraire.

VERTICALEMENT

A. Belle voiture.
B. Sentent bon.
C. Un golfe pétrolier à remettre dans le bon sens. – Crise de foi.
D. Voiliers.
E. Vain.
F. Pronom. – Grilles en T ?
G. Prénom d'un Italien mangeur d'enfants, selon Dante. – Aîné en tête.
H. Goûter tardif.
I. Mieux ne vaut pas en être l'objet, même à l'envers. – Stand de foire.

Grille n° 45

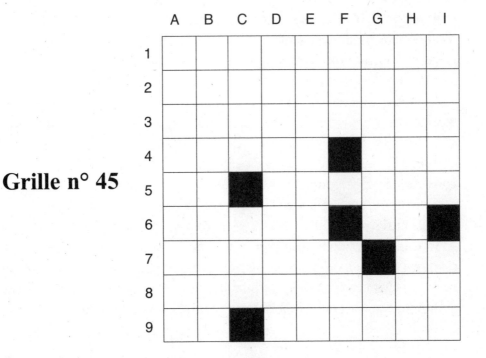

PARACELSE, LES PENTACLES
ET LE SCEAU DE SALOMON

Le pentacle (qui s'écrit aussi pantacle) est une figure symbolique, souvent le résumé de plusieurs éléments symboliques (alchimistes, astrologiques), écrit sur parchemin ou simple papier. Il s'inscrit généralement dans un double cercle (le macrocosme et le microcosme) que l'on utilise comme talisman. On peut le confectionner soi-même.

Selon Raymond Lulle, alchimiste catalan du XIVe siècle, le pentacle doit se faire au jour et heure de Mercure, sous le signe du Bélier. Il faut former le pentacle dans le croissant de la lune, le 23 mars, à la quatrième heure du jour, c'est-à-dire après quatre heures du soleil levé.

Il faut le faire dessus une plaque de cuivre ou, au moins, dessus du parchemin vierge de bouc. Il faut le finir dans l'heure, parce qu'après l'on entre dans l'heure de Jupiter. Une fois fait, il faut dire dessus une messe du Saint-Esprit et l'arroser avec de l'eau baptismale.

De même, il faut bénir du charbon, pour former le cercle de la ficelle pour se guider, et tous les ustensiles qui servent à l'opération… D'après un kabbaliste de la Renaissance, « les pentacles sont chargés d'un double rond, des mystérieux noms de Dieu tirés d'un passage de la sainte Écriture qui a du rapport avec ce que vous désirez obtenir par le moyen de ce pentacle ».

Ainsi, si votre intention est d'acquérir richesses et honneurs, vous mettrez dans un double cercle du pentacle *Gloria et divitiæ in domo ejus* et dans le centre ou vide du rond, vous graverez avec ordre et symétrie les caractères des planètes sous les auspices desquelles vous formerez ce pentacle.

Pour Paracelse, il y a deux pentacles principaux, qui l'emportent sur les autres caractères, sceaux et hiéroglyphes.

« Imaginez deux triangles entrecroisés, si bien que l'espace intérieur est partagé en 7 fractions, et que les 6 angles font saillie au dehors. Dans ces 6 angles, on inscrit en ordre convenable les 6 lettres du nom divin ADONAI. Voilà pour le premier pentacle.

Suite page 94

HORIZONTALEMENT

1. Se danse en Provence.
2. Étal.
3. Aussi osé qu'agile. – Cardinaux de Bordeaux?
4. Installa avec cérémonie.
5. Déesse des Moissons. – Certains le voient partout, même inversé.
6. Mie mal digérée. – Tête de blaireau.
7. Colorerons.
8. Duchesse et reine dans l'histoire de France. – Peut être gardien.
9. Mises en appétit. – Sur son séant.

VERTICALEMENT

A. Congratulai.
B. Venue.
C. Resserre.
D. Sombre repaire. – Négation.
E. Mauvaises notes.
F. Oui russe. – Quand ils vous en tombent, c'est une grosse surprise!
G. Petits au nid.
H. Alors? – Du gin dont on a abusé.
I. Fin de tournée. – Égaie.

Grille n° 46

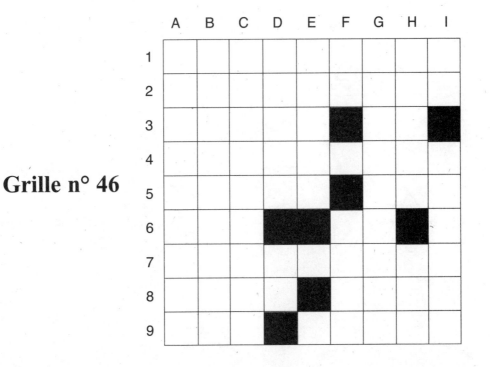

Le second pentacle le dépasse de beaucoup. Ses vertus et son étonnante capacité lui valent un rang plus sublime.

Il se compose ainsi : 3 angles ou crochets s'y entrecroisent et s'y compliquent ; l'espace intérieur se trouve divisé de la sorte en 6 parties, et 5 angles font saillie au-dehors. Dans ces 5 angles, on trace et l'on répartit dans l'ordre voulu les 5 syllabes du très illustre et très éminent nom divin TE-TRA-GRAM-MA-TON.

Les kabbalistes et les nigromans juifs ont accompli bien des choses par la vertu de ces deux caractères. Aussi plus d'un en fait aujourd'hui grand cas et les conserve soigneusement en secret. »

Le nom de Paracelse est resté attaché à la kabbale, la magie, aux pratiques sulfureuses des Arts interdits… Il fut aussi un grand médecin de la Renaissance. Théophraste Bombast von Hohenheim est né à Etzel, non loin de Zurich. Son père, qui exerce la médecine, lui fait donner une éducation religieuse, et l'initie aux herbes médicinales. Il entre à dix-sept ans à l'université de Bâle, où il choisit son nom d'humaniste : Paracelse, *Celui qui monte vers les hauteurs.*

Paracelse rejette résolument la médecine de Galien. Il expérimente par lui-même. Cet homme fluet, de petite taille, d'un caractère

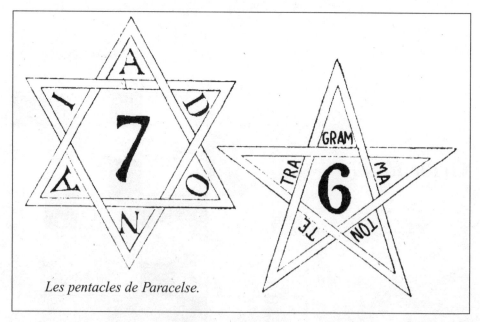

Les pentacles de Paracelse.

Suite page 96

Horizontalement

1. Chef du prieuré de Sion, selon sa Constitution.
2. Écoulement de sang par l'oreille.
3. Prénom médiéval.
4. Exclamation. – Pas mûres.
5. À payer. – Têtue à quatre pattes et à longues oreilles.
6. Allongeai de droite à gauche. – Tête de l'art.
7. Zigzague pour le plaisir.
8. Un epsilon qui aurait du mal à entrer dans l'alphabet grec.
9. Derniers mots. – Cachés.

Verticalement

A. Errer.
B. Le dernier empereur (inca).
C. Supporte la tête, mais pas dans ce sens. – Guide d'acier.
D. Gagne son pain à la sueur de son front.
E. Mettons face à l'est.
F. Raconte. – Tête de Molière.
G. Des gîtes saccagés. – Direction du E vertical.
H. Au sein du sein. – Poilu biblique.
I. Réserves d'arrière-boutique.

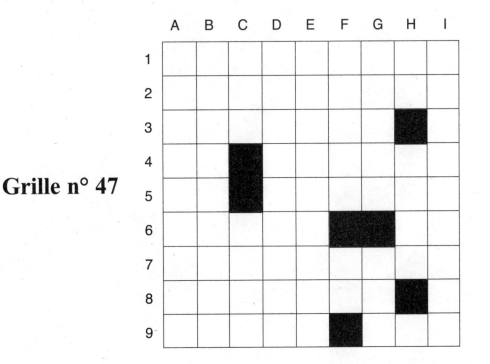

Grille n° 47

violent et rebelle, fuit les femmes, fréquente les tavernes. Il soigne Érasme, qui souffre de goutte et de gravelle. Le prestige de cette guérison vaut à Paracelse d'être nommé professeur à l'université de Bâle.

Il suscite la réprobation de ses confrères, en dénonçant leur enseignement rétrograde. Paracelse, dans sa cave, combine divers métaux pour former des talismans protecteurs. Passant de l'alchimie à la chimie, il ouvre la voie à la chimie organique et physiologique, dont il entrevoit l'importance. Il soigne gratuitement les pauvres. « Si vous désirez comprendre une maladie, regardez-la bien en face, veillez aux symptômes, étudiez-en les phases, classifiez les causes, découvrez les soulagements, et composez vous-mêmes les remèdes. »

Le pentacle maléfique du front de Lucifer.

Suite page 98

HORIZONTALEMENT

1. Objet d'une quête mythologique de héros grecs (trois mots).

2. S'oppose à la lumière.

3. Radiographie à distance.

4. Une danse aux pas compliqués. – Tête d'étrangleur.

5. Creuse. – Un rein malade.

6. Après le passage d'un casse-pieds. – Tente sans abri.

7. Même inversés, ils pèsent. – Ville du Vaucluse.

8. Notes de musicien. – Départ de patrouille. – Exploser phonétiquement.

9. Enlacée à l'envers…

VERTICALEMENT

A. Culte du symbole protecteur.

B. Domination.

C. Îlien du nord de l'Europe.

D. Celles de ménage sont parfois théâtrales.

E. En peluche n'est pas mal léché. – Un père affectueux et enfantin.

F. Au milieu du courant. – Préposition.

G. Grand encyclopédiste (1713-1784).

H. Maux d'oreille. – Arme à répétition (abréviation).

I. Remet dans le droit chemin ?

Grille n° 48

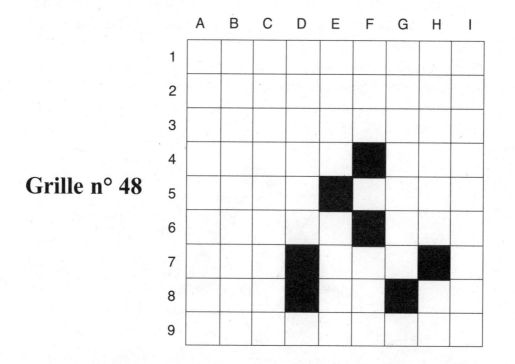

Mis hors la loi en 1528, il se rend en Alsace, où il installe ses cornues et ses alambics, puis voyage en Europe, glanant dans chaque pays des bribes de connaissance. Il étudie les eaux minérales, auxquelles il consacre un *Traité*. Il scrute aussi le ciel, car il voit dans l'astrologie une science véritable, capable d'influencer la santé des hommes.

Ses recettes à base de métaux opèrent des guérisons spectaculaires. Il porte avec lui une grande épée appelée *Azoth*, dont le pommeau est une boule de métal creuse qui semble avoir contenu cet opium dont Paracelse se sert à préparer son laudanum, un de ses remèdes. Âgé de quarante-huit ans, il meurt en 1541 à l'hospice de Salzbourg, des suites d'une rixe. Ambroise Paré s'inspirera d'un de ses traités pour soigner les plaies d'armes à feu. Et la médecine moderne reconnaît lui devoir l'emploi judicieux de l'opium et des minéraux.

Le sceau de Salomon, comme le bouclier de David, est constitué de deux triangles isocèles mêlés, l'un pointe en haut et l'autre pointe en bas, et formant une étoile à six branches, symbole de stabilité positive, manifestant la rencontre harmonisée du plan divin et du plan terrestre. Utilisé pour la fabrication de talismans et d'amulettes, car considéré comme puissamment bénéfique, c'est le plus célèbre des sceaux magiques. Salomon l'aurait porté en bague (dessin ci-dessous). Ses deux triangles équilatéraux inversés symbolisent l'interpénétration alchimique de ce qui est en haut et de ce qui est en bas.

Au centre du sceau, s'inscrit souvent le mot sacré TETRAGRAMMATON, comme sur les pentacles.

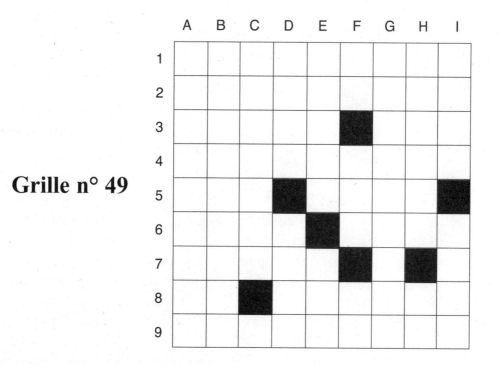

HORIZONTALEMENT

1. Ses adeptes hantent les cimetières.
2. Obscurcir.
3. Pesant. – Change de voix.
4. Des curateurs qui manquent d'ordre.
5. Fond de l'urètre. – Rouspète.
6. Un soldat hollywoodien à sauver. – Agence de presse soviétique.
7. Filtra.
8. Interjection. – Moines.
9. Qualifie des logarithmes.

VERTICALEMENT

A. Du paléolithique supérieur, et d'une roche célèbre.
B. Écrit à l'authenticité douteuse.
C. Très fort, sauf dans l'arène.
D. Boulette créole. – Nerf en pleine crise.
E. Dîner sans menu. – Tête d'arriviste.
F. Conifère de jardin. – On préfère celui de l'opéra… – Chute de neige.
G. Feinte.
H. Rassemblements canins. – Dans.
I. Longues périodes. – Cases plurielles ?

Grille n° 49

LES CATHARES
ET LES ÉTRANGES SACS
DE MONTSÉGUR

Commencée sous Philippe Auguste, la croisade lancée par le pape contre les hérétiques cathares s'achève sous Saint Louis, par un mariage : celui de la fille du comte de Toulouse avec le frère du roi. Mariage qui sonne le glas de la riche Occitanie, en rattachant le Midi au royaume de France, et qui met fin à une tragédie où les massacres ont succédé aux ravages, où les plus glorieux faits d'armes ont eu pour pendants les plus infâmes trahisons.

Cette épopée militaire – la dernière du Moyen Âge – aux allures de guerre civile a été, aussi, la première guerre de religion. Pour venir à bout de ces cathares non violents qui préfèrent la mort par le feu à la conversion, et que l'épée des mercenaires n'intimide plus, les papes imaginent un outil qui va se révéler aussi efficace qu'impitoyable, et dont les abus se révéleront incontrôlables : l'Inquisition.

Le 12 avril 1229, à Paris, au cours d'une cérémonie imposante, le comte de Toulouse se réconcilie avec l'Église, sur le parvis de Notre-Dame. Avec cette dernière humiliation s'achève la croisade contre les albigeois, commencée en 1209, et qui a duré vingt ans. Si les objectifs politiques de la croisade sont atteints, il s'en faut pour qu'on puisse en dire autant des buts religieux. En effet : ce n'est pas la promesse de soumission des Occitans – pour quelle durée ? – ni la présence des soldats du roi qui peuvent vraiment mettre fin au développement du catharisme.

L'Église envoie l'Inquisition et ses *prêcheurs* (nom donné aux Dominicains). La répression devient impitoyable. Par petits groupes, ils se présentent à l'improviste dans les localités, accompagnés de quelques hommes d'armes, d'un notaire et de greffiers. Réunissant les personnages officiels du lieu, ils leur donnent quelques jours pour rassembler les suspects. Ceux-ci subissent un long interrogatoire, sont arrêtés, leurs biens confisqués. Le mystère le plus épais entoure leur

Suite page 102

HORIZONTALEMENT

1. Mère de Néron.
2. Maisons des gens du voyage.
3. Finassera. – Tas sans voyelle.
4. En Ré. – Tombe.
5. Menue, et contrefaite ! – On le croise à l'endroit.
6. Joyeuse pirouette.
7. Est-ce le coup d'État dont fut victime cette cruelle impératrice d'Orient (752-803) qui la retourna ? – Désinence verbale.
8. On le jette pour jouer, à l'endroit. – Démonstratif brouillon.
9. Ville de Bourgogne. – Boisson naturelle.

VERTICALEMENT

A. Aménagées.
B. Réprimande, ou aime les sucreries.
C. Champignon.
D. Perdue dans l'eau. – Suite, de bas en haut.
E. Hérisson.
F. Dieu égyptien, patron des artisans. – Pronom.
G. Titane inversé, ou tête d'Italien. – Ortie latine.
H. Propreté.
I. Pour remonter les pentes, de bas en haut.

Grille n° 50

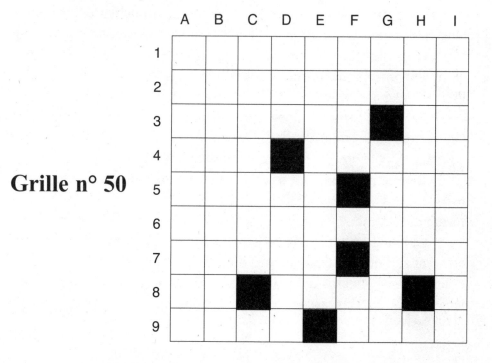

incarcération, leur procès se déroule dans le secret le plus absolu. Ils ne disposent pas d'avocat pour se défendre. Certains inculpés, devant la gravité des menaces, en viennent à s'accuser de fautes qu'ils n'ont pas commises ou à dénoncer des innocents, espérant qu'un aveu de leur part adoucira leurs tourments.

Les prisons de Toulouse et de Carcassonne regorgent d'*emmurés* dont beaucoup succombent, de désespoir, ou à la suite de mauvais traitements. La terreur provoquée par la présence des croisés avait éveillé l'esprit de vengeance ; celle que suscite l'Inquisition, basée sur la dénonciation, engendre la colère. Au printemps 1242, l'inquisiteur toulousain, en tournée dans le Lauragais avec un franciscain et des personnages assermentés sont, la nuit de l'Ascension, massacrés à coups de hache dans leur chambre, à Avignonet.

L'expédition punitive, partie de Montségur, a été emmenée par Pierre-Roger de Mirepoix. Après le massacre, les évêques tiennent concile à Béziers, et décident de frapper un grand coup au cœur de l'hérésie. Ils savent que les parfaits (ainsi surnomme-t-on les cathares « pratiquants ») ont demandé au seigneur de Péreille de leur accorder asile dans son château de Montségur (Aude).

Les évêques savent que c'est de Montségur que partent les directives des parfaits et qu'y sont collectées leurs informations. Ce lieu leur apparaît de plus en plus comme le siège occulte de l'hérésie. Péreille y entretient une petite garnison de soldats. À leur tête, son gendre, Pierre-Roger de Mirepoix. Celui-ci est un homme intrépide et sans scrupule : il l'a prouvé l'année précédente au massacre d'Avignonet. On dit que, du crâne de l'inquisiteur Arnaud, il a voulu faire une coupe… À côté des guerriers, quelques centaines de croyants.

Tout ce monde ne vit pas dans l'enclos des murailles ; de petites maisons, des cabanes s'élèvent sur les rares espaces qu'offre la plate-forme du sommet.

La situation n'est pas brillante à Montségur tandis que l'encerclement se fait plus étroit autour du piton. Ce ne sont pas les parfaits et les diacres cathares qui peuvent contribuer à la défense. Ils ne portent même pas les armes, car ils condamnent la violence, quelle

Suite page 104

HORIZONTALEMENT

1. Chef d'atelier, chez les francs-maçons.
2. Obligation de rester coucher.
3. Princesse séduite par un cygne. – Négation.
4. Petites élèves.
5. Note sans voyelles. – Leur nombre fait l'âge.
6. Couleur. – Ville d'eau où l'on collabora.
7. Moqueurs.
8. Mot d'enfant. – Gaines.
9. S'entend dans l'arène. – Bien ventilés.

VERTICALEMENT

A. Ce Rudolf fut un grand séducteur.
B. Relatif au choix des urnes.
C. Dieu scandinave mis la tête en bas. – Pronom lui aussi la tête en bas.
D. Déploya. – Négation.
E. Île au large de La Rochelle. – Exhorta.
F. A tout oublié…
G. Rester grand ouvert. – Peau dure.
H. Belle Grecque phonétique. – En Asie Mineure, ville de concile.
I. Existez… – Ville bretonne engloutie.

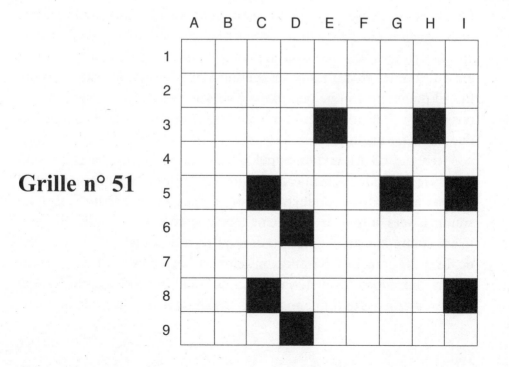

Grille n° 51

qu'elle soit, même en cas de légitime défense. Il ne faut pas non plus compter sur la foule désordonnée qui s'est réfugiée à l'abri des murailles et qui comprend des femmes et des bouches inutiles.

On attend avec anxiété des renforts. Le comte de Toulouse, Raymond VII, a fait dire qu'il faut tenir à tout prix : il espère des secours envoyés par l'empereur d'Allemagne Frédéric II, constamment en conflit avec le pape, et pour lequel tous les moyens sont bons pour affaiblir le pouvoir de l'Église. Mais, ce n'est qu'une vaine promesse. Raymond VII, prudemment, jure fidélité au roi de France.

Des messagers réussissent à pénétrer à Montségur, en empruntant des voies abruptes que les assiégeants dédaignent de surveiller. Les paysans des alentours, restés fidèles aux défenseurs, parviennent à ravitailler la forteresse en portant au pied des à-pic des sacs remontés avec des cordes. Les défenses naturelles de Montségur sont telles que les opérations militaires n'avancent guère. En bas, autour du pog, campent les 10 000 hommes du sénéchal de Carcassonne, Hugues d'Arcis. Il n'envisage pas de donner l'assaut : le rocher est inexpugnable. La faim et surtout la soif le réduiront à merci. Avec le temps.

Le siège débute au mois de mai 1243. Il va durer presque un an. Les pentes qui enserrent la forteresse interdisent la construction d'une tour roulante qui permettrait l'approche des murailles. Aussi faut-il envisager l'installation d'une ou plusieurs machines de bombardement qui battront les murailles et ravageront l'intérieur de la place. Encore faut-il prendre pied quelque part sur le sommet du piton, le plus près possible du château. La seule voie d'accès normale est âprement défendue par la garnison.

Hugues d'Arcis fait appel à des montagnards basques, qui, depuis le début de la première croisade contre les albigeois, se vendent comme mercenaires. Une nuit, ils réussissent à gravir le pog jusqu'au sommet, vers la tour de l'est. Une machine peut être installée là, projetant contre la citadelle des boulets qu'on a retrouvés (d'un diamètre de 18 à 20 cm). Les Basques ont emporté des cordes et installé des palans pour hisser les matériaux lourds – notamment les poutres – qui servent au montage d'une machine. L'ingénieur qui dirige le bombar-

Suite page 108

HORIZONTALEMENT

1. Largua de haut.

2. Relatifs à des gamètes femelles.

3. Petits oiseaux ou rois de pacotille…

4. Des nièces pas très orthodoxes.

5. Crochet, mais pas en boxe. – Tête de preux.

6. Attachera. – Une manie qui se manifeste à l'envers.

7. École de hauts fonctionnaires. – M'amuserai.

8. Tacot.

9. Refusent l'égalité aux femmes.

VERTICALEMENT

A. Cochons roses, souvent.

B. Frôlée.

C. Les petits font les grandes rivières.

D. Altère, y compris sa présentation. – Mépris.

E. Ville de Normandie. – Les libéraux, au Moyen Âge, étaient sept.

F. Points d'attache botaniques. – À la diète.

G. Ancêtre bovin. – Osée ou pas cuite.

H. On le fête au Vietnam. – Moineaux familiers.

I. Harmonisé.

Grille n° 52

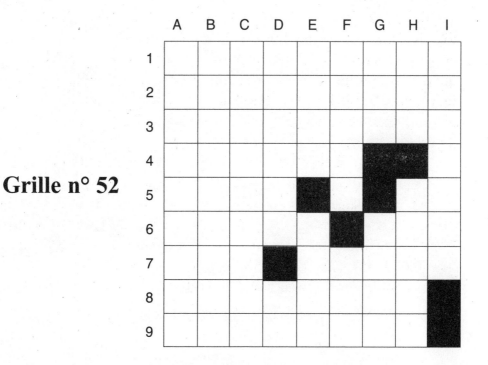

Le bûcher de Montségur vu par Émile Bayard, dessinateur du XIXᵉ siècle.

HORIZONTALEMENT

1. Précurseurs des cathares.

2. Détruira.

3. Supplices.

4. Groupés sur la cible. – Dieu gaulois.

5. Glace anglaise ou fin de service. – Tourna ou fraisa.

6. Grosse artère non urbaine. – Piquant.

7. Lopin de terre dans l'eau. – Passage de nuages…

8. Rengainai dans la confusion.

9. Baltes du Nord.

VERTICALEMENT

A. Gladiateur ou recueil de fables animalières.

B. Relatif à la culture de l'olivier.

C. Couvriront d'une fine pellicule de glace.

D. Oublié. – Homme d'État de Yougoslavie démantelé lui aussi…

E. Avec un mac, c'est l'embrouille… – Au cœur de la ruée. – L'est celui qui est dans le vent…

F. Une Seine sortie de son lit. – De même ton.

G. Nettoyage.

H. Désinence verbale. – Lié. – Bougie…

I. Arbre d'Amérique proche du laurier.

Grille n° 53

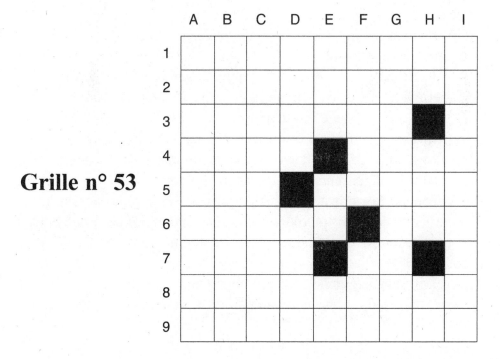

dement est l'évêque d'Albi. Les murailles de Montségur sont continuellement battues, mais tiennent bon. La garnison, qui sent l'étau se fermer sans voir arriver des renforts, ne cède pas pour autant.

Le sénéchal finit par trouver des guides pour mener, par une nuit d'hiver, un groupe de volontaires par les pentes abruptes. Ce groupe réussit à gravir le pog et à prendre pied sur le plateau du sommet, à un endroit où les défenseurs ne les attendent point ; là, ils surprennent et massacrent les gardiens. Les Basques, qui se sont maintenus sur les pentes supérieures depuis la première attaque, leur prêtent main-forte.

La situation de la place devient intenable. La lourde machine, installée à faible distance, non seulement bat les murs mais déverse ses boulets à l'intérieur de la place. La reddition est inévitable à brève échéance. Les défenseurs songent alors à sauver le trésor qui est abrité à Montségur, où de l'or et de l'argent ont été entassés. Sans doute avec la complicité (monnayée ?) de soldats du parti français, le trésor, mis dans des sacs, est évacué et mis en lieu sûr d'abord dans une grotte de la haute Ariège, puis peut-être au château d'Usson.

Selon un témoignage recueilli plus tard par les inquisiteurs, dans la nuit du 15 au 16 mars, deux ou trois parfaits se sont évadés de la forteresse en se laissant glisser, à l'aide de cordes, le long des parois du piton rocheux. Afin, précise le témoignage, que l'Église des hérétiques ne perde pas son trésor.

Le 1er mars 1244, deux émissaires, Roger de Péreille, seigneur du lieu, et Pierre-Roger de Mirepoix, en tant que commandant de la garnison, se sont présentés au camp des croisés. Hugues d'Arcis les a accueillis avec courtoisie et respect. Un accord a été passé : la forteresse consent à se rendre dans un délai de quinze jours. Le pardon sera accordé aux défenseurs et l'on ne reviendra pas sur les meurtres d'Avignonet. Les croyants et les parfaits, s'ils abjurent, auront la vie sauve. Ceux qui s'obstineront seront brûlés. Pourquoi cet étrange délai de quinze jours ? Bertrand d'En Marti, le chef cathare, l'a-t-il jugé indispensable afin de préparer les siens à la mort atroce qui les attend ?

Les inquisiteurs ne sont pas intervenus. Sans doute parce qu'ils savent, par expérience, qu'aucun parfait ne se rétractera. Leur but est

Suite page 110

HORIZONTALEMENT

1. Sainte parisienne.

2. Savants.

3. Mode d'emploi. – Pronom.

4. Lettre grecque. – Service après-vente, pour les pressés.

5. Une façon « in » de faire les enfants. – Assassina.

6. À trop les chanter, celles du E vertical, elles ne signifient plus rien !

7. Une folle soirée. – Fin de tournée.

8. Ville de Mayenne. – Organisme international.

9. Rasés ou tondus. – Pour mieux l'étouffer, on l'a embrouillé.

VERTICALEMENT

A. Arbuste à fruits violets.

B. Rendra charnellement désirable.

C. Oscillations d'astronome.

D. Poisson rouge à l'envers dans son bocal – Eau du matin.

E. Triomphes.

F. Suffixe pour maladies inflammatoires ou mot de la fin. – Démonstratif.

G. Préposition. – Patronne raccourcie. – Lac près de Luchon.

H. Mettent en sûreté.

I. Un chariot pour atteindre les sommets.

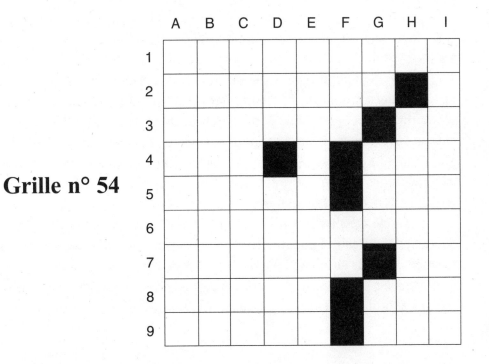

Grille n° 54

donc atteint. Même le cas de Pierre-Roger de Mirepoix ne soulève aucune polémique. Quels gages a-t-il donné au parti français et aux inquisiteurs, lui le chef sans pitié qui voulait faire du crâne du grand inquisiteur Arnaud une coupe à vin ? On le retrouvera plus tard réconcilié avec l'Église et le pouvoir royal, installé comme châtelain de Montgaillard, dans les Corbières...

Au matin du 16 mars 1244, les croisés investissent la citadelle, dont les soldats ne sont pas inquiétés. Pour ce qui est des autres, l'inquisiteur fait diviser la foule en deux groupes : d'un côté les simples croyants, de l'autre les parfaits. Point d'interrogatoire, une seule question : renoncent-ils ou non à leurs croyances ?

Sur leur réponse négative, on les pousse un à un dans un enclos cerné de palissades en bois. À l'intérieur ont été entassés des centaines de fagots qui forment un bûcher gigantesque. Bientôt s'y trouvent rassemblés quelque deux cents hommes et femmes qui ont délibérément choisi leur fin. Parmi eux, Corba de Péreille, l'épouse de Raymond Péreille, seigneur de Montségur. Elle n'a pas profité de la grâce que son rang et sa position lui permettent. Avec elle, sa mère, et sa plus jeune fille, Esclarmonde. Raymond Péreille va les voir brûler vives.

« Les nôtres n'eurent pas de peine de les pousser, parce que, obstinés dans leur erreur, ils se précipitèrent eux-mêmes dans le feu. Trois femmes seulement hésitaient... » dit la chronique de Guillaume de Puylaurens. Un champ, au pied du pog de Montségur a gardé le nom de *Prat dels Cramats*, le champ des brûlés. On vient encore s'y recueillir. Après la chute de Montségur, le rideau tombe sur la tragédie cathare. L'Inquisition va continuer à sévir et à assassiner au nom de Dieu, notamment en Espagne. La plupart des rescapés des massacres et arrestations vont prendre le chemin de l'émigration, en Catalogne et en Italie du Nord. Mais pauvres.

Sans le trésor des cathares. Qu'est-il devenu ? On ne l'a jamais découvert. Ses chercheurs ont interrogé les ruines de Montségur, où au solstice d'été, le soleil se lève dans l'alignement des archères du donjon. Mais ce haut lieu de l'ésotérisme, chargé de légendes (le Graal y aurait été un temps caché), est, jusqu'à aujourd'hui, resté muet.

HORIZONTALEMENT

1. Peut être provoquée par le cilice.

2. Protestant de la première heure.

3. Un écolo brouillon. – Parti politique abrégé.

4. Voûte en forme de demi-coupole (mot composé).

5. Tête de truie. – Du Grand Orient.

6. Un peu d'obéissance. – Seule dans le ciel ou multitude.

7. Raideurs pas forcément cadavériques.

8. Foyer chaud. – L'espérance au début.

9. Se dit d'une rime très riche, ou de la tête d'un félin !

VERTICALEMENT

A. Adjectif d'urne…

B. Tuyau d'alambic.

C. On y joue sur des grilles à l'endroit. – De bas en haut, on en met dans la bière.

D. Relatif à un fleuve français.

E. Cachés.

F. Hier, du début à la fin… – Achevé.

G. Sous la coquille de l'huître. – Ouatée, mais cotonneuse…

H. Renommées.

I. Imbibées pour faire bonne impression.

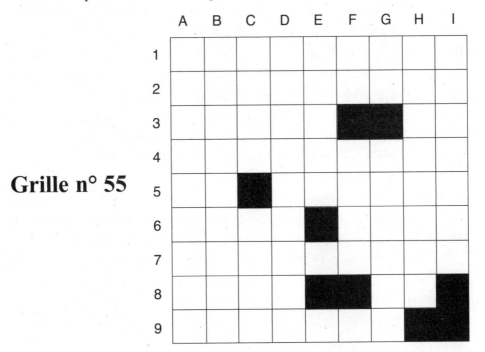

Grille n° 55

LES COFFRES DU TEMPLE

Depuis l'installation de l'Ordre à Jérusalem et sa Règle austère, reçue de saint Bernard de Clairvaux, les communautés templières, malgré la rudesse du mode de vie séduisent les jeunes nobles.

En Europe, la commanderie templière n'est pas une forteresse comme les châteaux forts templiers de Palestine, mais une ferme fortifiée, avec son bâtiment central, soutenu par quatre tours d'angle, appelé aussi Grande Maison, où se réunissent les chevaliers, et le commandeur. À l'intérieur du bâtiment, se trouve la chapelle.

Autour de la Grande Maison, on trouve les fermes, où se regroupent les laboureurs, les valets, les pâtres, les employés agricoles qui travaillent sous les ordres des Templiers, ainsi que l'hôtellerie, où les moines-soldats reçoivent les voyageurs et les pèlerins pour la nuit.

Les Templiers, qui ont jalonné de forts, pour la sécurité des pèlerins, les routes de Palestine, sont des bâtisseurs. Les commanderies , pour la plupart, sont désignées par le vocable « Notre-Dame », qui indique qu'elles sont placées sous la protection de la Vierge, mère des Cisterciens, que les moines blancs considèrent comme la « porte du ciel ». Le temps est révolu des guerriers barbus et poussiéreux, impétueux, surgissant au galop dans les mêlées, hurlant pour terrifier l'adversaire, et à qui saint Bernard ordonnait le dépouillement pour leur salut. En Europe, l'Ordre compte plus de 9 000 commanderies (12 000 selon d'autres historiens) à son apogée.

Partout, le Temple est synonyme de prospérité et de sécurité. Les princes comme les manants lui font de nombreux dons : territoires, domaines, terres pour les premiers, chevaux ou nourriture pour les seconds. Une fois par an, les quêtes effectuées dans toutes les églises sont destinées au Temple. Les Templiers, déjà banquiers des rois de France et d'Angleterre, sont devenus les banquiers de l'Europe.

Ils ont inventé la lettre de change. Le procédé est simple. Les pèlerins en route pour la Terre sainte confient leurs biens à l'Ordre qui leur en délivre un reçu. Cette attestation, les pèlerins la montrent dans les relais templiers d'Occident et d'Orient pour obtenir des espèces

Suite page 114

HORIZONTALEMENT

1. Oisiveté et plaisir de ne rien faire.

2. Embellir.

3. Bonnes à rien. – Pas chinois.

4. Épopée homérique, du côté de Troie. – Mégot de mégot.

5. Durcissement au formol.

6. Tenue secrète, mais dans le désordre. – Pièces de tailleur.

7. Anneaux de cordage. – Voyelle triplée.

8. Musicologue allemand (1849-1919).

9. Mettent en paquets.

VERTICALEMENT

A. Extrême Bretagne.

B. Hors mariage.

C. Assemblent des livres.

D. Dans les deux sens, famille mandchoue qui donna un poète (1654-1685). – On la rend à l'endroit.

E. Sainte alsacienne très chahutée. – Pillage.

F. Une sieste très agitée. – Lettres de Nathan.

G. Pieuse abréviation. – Pour trouer la peau.

H. Charrette russe à quatre roues.

I. Bâtirent.

Grille n° 56

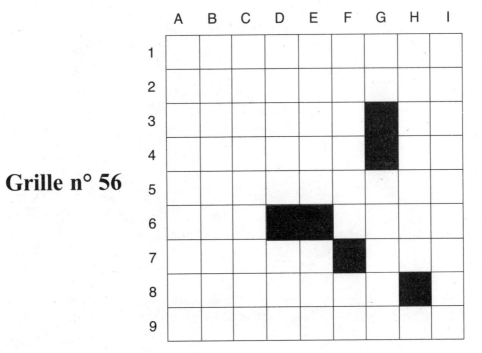

sonnantes (après prélèvement d'une commission). Milice pontificale, les Templiers ne payent tribut à aucune puissance, ni péages, ni droits de passage ; ils peuvent donc transporter ou transférer des fonds dans une quiétude relative, sous la protection de leurs propres hommes d'armes, à l'efficacité redoutée.

Véritable multinationale des XIIe et XIIIe siècles, l'Ordre, précurseur des paradis fiscaux, avec comme pavillon de complaisance la croix pattée, dispose en outre de moyens de transport maritime importants. Les infidèles tolèrent d'ailleurs les échanges commerciaux : il leur arrive, à eux aussi, d'utiliser les galères du Temple ! Le monde méditerranéen n'est pas divisé entre deux blocs farouchement antagonistes, les uns sous la protection de la croix, les autres sous celle du croissant islamique.

Mais en Terre sainte, la cause chrétienne ne cesse de péricliter. En 1279, les Templiers ne possèdent plus que Sidon et le château des

Templier

Suite page 116

HORIZONTALEMENT

1. « Soldat » de l'Opus Dei.

2. Devenir amoureux (pronominal).

3. Hommes de main.

4. Un peu de tact. – Tisses n'importe comment.

5. N'ont pas été reçus à l'examen. – Obtenu.

6. Choisi. – Restes de déjeuner.

7. Descendance.

8. Assassinera par-derrière. – Contenu de la boîte.

9. Moitiés d'année.

VERTICALEMENT

A. Interjection (quatre mots).

B. D'un seul ton.

C. Marque d'ordinateur. – S'enfilent ou se bâtent dans le bon ordre.

D. Brille sur les dents. – Fait comme le un du 8 horizontal…

E. Passereaux ou petits sires.

F. Massif montagneux d'Algérie.

G. Colères médiévales. – Grand couturier.

H. Éprouvée.

I. Conclue le dîner. – Motifs…

Grille n° 57

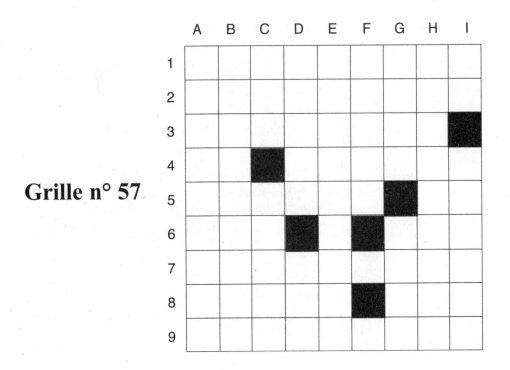

Pèlerins, vers Césarée. En 1291, le sultan du Caire, ayant dépouillé les chrétiens de toutes leurs possessions, à l'exception de Saint-Jean d'Acre, met le siège devant cette ville où Templiers et Hospitaliers tiennent héroïquement pendant quarante-cinq jours.

Les rescapés des deux Ordres se réfugient à Chypre. L'épopée templière en Palestine est terminée. Les chevaliers que saint Bernard avait voulus « vivant sans rien en propre, pas même leur volonté, affrontant les barbares sans craindre ni leur force ni leur nombre » ont trois solutions : retourner en Orient, s'installer à Chypre, où leur rivalité avec les hospitaliers gêne leur entreprise, se rendre en Espagne et au Portugal où les Maures occupent encore des territoires, ou bien rejoindre l'Europe et ses nombreuses commanderies.

Ils choisissent la troisième solution, malgré les rumeurs qui déjà circulent sur leurs mœurs et leurs pratiques hérétiques. Commanderies, maisons fortifiées, avec des dépendances agricoles, des pêcheries, des forêts entières, revenus commerciaux… : le revenu annuel de l'Ordre est colossal, équivalent à celui d'un royaume, alors que les frères ne dépensent rien, se nourrissent des produits de leurs domaines, de leurs vergers et de leurs fermes.

Cette opulence ne se justifie plus, puisque les Templiers ne se battent plus pour la défense de la Terre sainte, pour laquelle l'Ordre avait été fondé. Avec ses richesses, il achète de nouveaux domaines, où de nouvelles commanderies sont installées, notamment entre le Rhône et le Rhin, spécule, pratique l'usure, bien qu'elle soit interdite par l'Église… Les Templiers sont revenus de Terre sainte avec des milliers de florins d'or, et dix mulets chargés d'argent.

Le Temple de Paris, où a été enfermé ce pactole et où a aussi été déposé, à plusieurs reprises, le trésor des rois de France, est une ville dans la ville, dominée par son donjon ; un défi permanent que l'orgueilleux Philippe le Bel supporte mal, depuis son palais du Louvre. La richesse des Templiers les fait soupçonner de pratiques alchimiques. Toute cette puissance étalée, toute cette richesse insolente humilie Philippe le Bel (le seul royaume de France compte 2 000 commanderies) qui y voit une menace à son autorité. Il fait colporter par ses

Suite page 120

HORIZONTALEMENT

1. Amoureux à bout de souffle.
2. Contrée de langue d'oc.
3. Morceau de sucre. – Rusés.
4. Malmener.
5. Dure ou drue… mais tordue. – Songe.
6. Pronom. – Aimée de Cyrano, même de droite à gauche.
7. Lie. – Des copains à l'envers.
8. Cotisations ou troncs mal élagués. – Boule de neige.
9. Vue à la télé.

VERTICALEMENT

A. Muré dans le silence (mot composé).
B. Circonstance qui manque d'R…
C. Cuivre repoussé. – Pour jouer. – À l'endroit, se respecte.
D. Culbute.
E. Monstre tibétain, de bas en haut. – De la sève sans voyelles.
F. Manqueras.
G. Manques d'appétit.
H. L'entrée du nirvana. – Rejetée.
I. Essaiera.

Grille n° 58

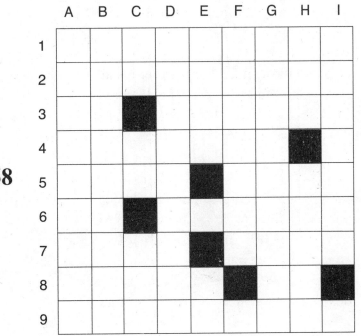

Un évêque et un Templier, au temps de Saint Louis.

HORIZONTALEMENT

1. Chevaliers réputés buveurs.
2. Rendra laiteux.
3. Font briller les chaussures.
4. Sont sur la *Cène* de Léonard de Vinci.
5. Morceaux de thon. – Commencement de l'erreur.
6. Tripote. – Souverain.
7. Sans surface (littéraire peu usité).
8. Négation. – Vieux Grec de la guerre de Troie.
9. Fanatiques.

VERTICALEMENT

A. Fleuve brésilien.
B. Fête des Rois mages.
C. Manie familière ou spectre du fou du roi.
D. Uniforme. – C'était Louis XIV…
E. Né d'un lion et d'une tigresse. – Service gagnant… dans le bon sens.
F. Orateur grec maître de Démosthène. – De l'anarchie…
G. Remise d'aplomb, mais encore à l'envers…
H. Du rire sans voyelles. – Suppliciée ou maligne…
I. Hommes de sable…

Grille n° 59

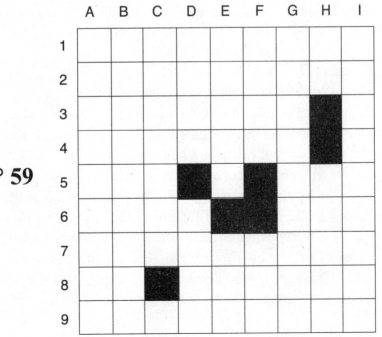

agents des calomnies sur les Templiers, sur leurs pratiques magiques, leurs dépravations… Puis, lorsqu'il pressent que l'opinion publique ne réagira pas, il fait, en 1307, arrêter les chevaliers au blanc manteau.

Le pape Clément V, à ses ordres, se contente de suspendre l'Ordre, laissant à Philippe le Bel la responsabilité des tortures, des jugements et des condamnations des Templiers tombés entre ses mains ; il prive (sciemment ou pas ?) le roi qui l'a fait pape à Avignon d'une partie de la fortune convoitée : les biens des Templiers sont transférés à leurs « frères ennemis », les hospitaliers.

Philippe le Bel ne retire qu'une indemnité de 200 000 livres tournois, plus un remboursement des frais de procès de 60 000 livres. C'est peu, en regard de la fortune espérée. Où est passé le trésor du Temple ?

Le pape Clément V a-t-il clandestinement averti les chefs de l'Ordre de ce que le roi de France trame contre eux, ce qui leur a permis de cacher le trésor ? Dans leurs nombreuses propriétés, les Templiers disposent de multiples cachettes.

Il a aussi été prétendu que Jacques de Molay, lorsqu'il comprend que le roi de France veut l'anéantissement de l'Ordre, fait venir dans sa prison le neveu de son prédécesseur à la grande maîtrise, Guichard de Beaujeu. Il lui révèle que le trésor des Templiers est situé à Paris, dans les colonnes qui ornent le chœur de la chapelle, à l'entrée des tombeaux des grands maîtres, ainsi que dans le cercueil sans cadavre de son oncle.

Les chapiteaux de ces colonnes pivotent, ce qui permet d'accéder à l'intérieur creux des fûts, où sont accumulées pièces d'or et d'argent, pierres précieuses… Guichard de Beaujeu, avec l'aide de quelques Templiers qui ont échappé à la grande rafle des gens d'armes, vide les piliers, en met le contenu dans le cercueil de son oncle, obtient de Philippe le Bel l'autorisation d'aller l'enterrer en ses terres et quitte Paris à la tête d'un convoi funéraire salué par les soldats du guet…

Le trésor sorti de la capitale, où Guichard de Beaujeu l'a-t-il caché ? Derrière quelle muraille, dans les profondeurs de quel souterrain ? On suppose que l'endroit est indiqué par un cryptogramme ou des signes étranges gravés sur des pierres voisines, car les Templiers,

Suite page 122

HORIZONTALEMENT

1. Famille de condottieri italiens.
2. Violente chute de neige.
3. Dan Brown en est un.
4. Adverbe superlatif. – Bramai.
5. Peut-on le présenter comme tel ? – La tête de dame rat. – Sa queue.
6. Elle en colère. – Rivière et département de France.
7. Tuée et découpée… – Marque de réglisse.
8. Lasses, quand il ne s'agit pas d'eaux. – On a voté pour lui à l'envers.
9. Rassasies ou refais.

VERTICALEMENT

A. Travailleur de forge.
B. Faiseuse d'ange.
C. Formées de fines couches.
D. Assaisonna à l'envers. – Chef vu du dessous.
E. Écorce de chêne. – Tête de satrape.
F. Enduisît pour faire impression.
G. Rengaine musicale. – Le bleu du ciel.
H. Affectée et expressive.
I. Très légères.

Grille n° 60

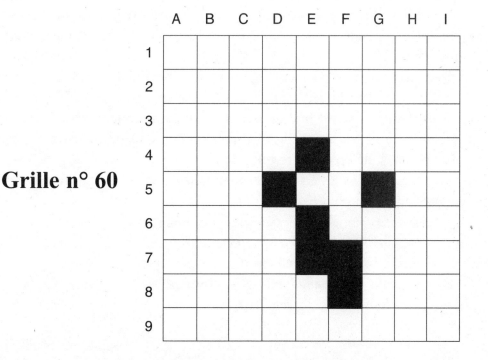

qui pratiquaient l'hermétisme, utilisaient des codes connus d'eux seuls, ce qui leur sera reproché, lors de leur procès.

A-t-il transporté trésor et cercueil dans la crypte familiale, à Beaujeu (Rhône). Le château a été démoli pierre après pierre sous la Révolution, et personne n'a rien trouvé. Alors au château d'Arginy, propriété du sire de Beaujeu, au cœur du Beaujolais ? On a beaucoup creusé autour, sans rien trouver...

Le trésor a-t-il pris une autre direction, celle de la forêt d'Orient, au-delà de Troyes, là où l'Ordre est né et a érigé sa première commanderie ? Là encore, on a beaucoup fouillé la terre champenoise, beaucoup sondé les étangs et l'humus...

Ou les Templiers rescapés ayant pris la route de l'Angleterre pour s'y réfugier se sont-ils arrêtés à Gisors (Normandie) pour cacher l'encombrant trésor ? Les fouilles entreprises sous le château n'ont rien donné. Mais dans les années 1960, un homme prétendit avoir découvert sous la motte du donjon une chapelle romane contenant une vingtaine de sarcophages et une trentaine de coffres. Lorsqu'il voulut y retourner avec des témoins, le boyau qu'il avait creusé s'était bouché et il ne put retrouver l'emplacement de la chapelle...

Même Nostradamus, né deux siècles après que le dernier grand maître ait péri sur le bûcher à proximité de Notre-Dame de Paris, a été mis en cause, à propos des Templiers. Un chercheur, P. V. Piobb, dans les années 1930, a avancé l'hypothèse selon laquelle les *Centuries* seraient des prophéties templières. Le surnom même de Michel de Nostredame en serait une preuve, l'ordre du Temple s'étant toujours réclamé de Notre-Dame, « en l'honneur de laquelle, déclaraient les Templiers, a été créée notre religion ».

Les *Centuries* feraient de nombreuses allusions au Temple, et annoncent sa chute... :

Avant venue de ruine celtique
Dedans le Temple deux parlementeront (V, 1)
... comme l'emplacement du trésor caché :
Dessous de chêne Guien, du ciel frappé
Non loin de là est caché le trésor

Suite page 124

HORIZONTALEMENT

1. Métaphore et symbole.
2. Mettant bas (pour une jument).
3. Criées bien haut.
4. Bramée. – Quittance.
5. Extérieur anglais – Montées dans le bon sens, peuvent être de secours.
6. Malgré les apparences, c'est tard. – Malgré les apparences, ils sont drus.
7. Envoyée.
8. Travaux pratiques. – Ville des Pays-Bas. – Île musicale.
9. Enlaces.

VERTICALEMENT

A. Déesse grecque de la Beauté.
B. Affrète, mais ne félicite pas. – On les trouve à la pompe.
C. Quand elle est belle, c'est qu'il y a longtemps…
D. Pronom féminin ou magazine. – Acide ou repère côtier.
E. À bout d'énergie. – Mont crétois où fut élevé Zeus.
F. Très chères, mais pas au cœur.
G. Ennuyeuse.
H. Intérieur anglais. – Pousse sur l'orteil. – La deux du 8, mais verticale…
I. Distraites.

Grille n° 61

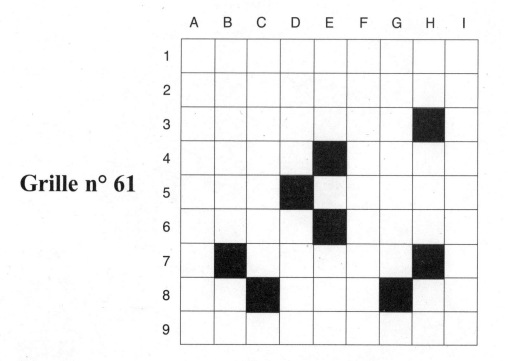

Qui par longs siècles avait été grappé (I, 27).

Grappé veut dire rassemblé, et *chêne guien* chêne à gui, peut-être foudroyé (*du ciel frappé*).

Mis trésor Temple, citadins hespérides

Dans icelui retiré lieu secret / Le temple ouvrir (X, 81),

ce qui pourrait se traduire par : le trésor du Temple ayant été mis dans un lieu secret et retiré, les citadins d'Occident ouvrent le Temple, allusion à la fouille vaine à laquelle se livrèrent les hommes de Philippe le Bel entre les murs de la commanderie de Paris.

Toutefois, une menace, une malédiction semblent liées à la découverte dudit trésor :   *Qui ouvrira ti le monument trouvé*

                                   Et ne viendra le serrer promptement

                                   Mal lui viendra (IX, 7).

À bon découvreur, salut !

Nostradamus.

HORIZONTALEMENT

1. Tragédien français (1606-1684).
2. Diminuer.
3. On les emporte dans la tombe. – Cri des bacchantes, à l'envers.
4. Crainte. – Ouvrit grand.
5. Cri de joie.
6. Début de glissade. – Ancien ancien. – Conifère.
7. Physicien français, prix Nobel 1970. – Lettre grecque.
8. Particule atomique.
9. Îlienne grecque, ou préfère les dames.

VERTICALEMENT

A. Rat des champs.
B. Composition florale.
C. Relatifs à l'os du genou.
D. Négation. – Île de France. – Agréable à regarder, dans l'autre sens.
E. Dans. – Article. – Morceau de tuile.
F. Rêvés. – Règle d'architecte.
G. La Loire en crue. – Du purin sans voyelles.
H. Elle peut se faire à domicile.
I. Ouvre, mais du mauvais côté. – Astucieuse.

Grille n° 62

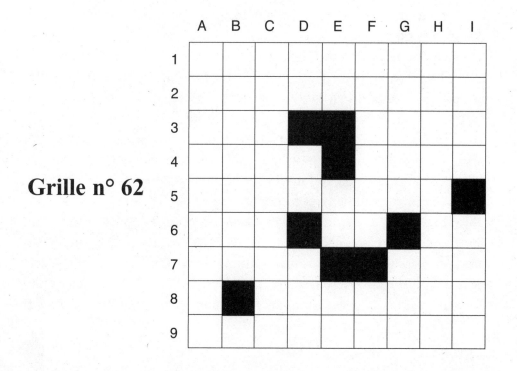

L'ÉQUIVOQUE PRIEURÉ DE SION

La société secrète du prieuré de Sion *a été fondée en 1099, après la première croisade. On a découvert, en 1975, à la Bibliothèque nationale, des parchemins connus sous le nom de* Dossiers secrets, *où figurent les noms de certains membres du* Prieuré, écrit, non sans assurance, Dan Brown en introduction de son roman *Da Vinci Code.*

Le prieuré de Sion est la clef de ce thriller où le suspense le dispute à l'ésotérisme : il veille sur un secret que l'Église cherche à tout prix à cacher. Secret qui, pour ceux qui se sont passionnés pour le trésor supposé de Rennes-le-Château (*voir ce chapitre*), n'en est plus un : Marie-Madeleine, celle dont les Pères de l'Église ont fait une pécheresse (ce qui n'est pas mentionné dans les Évangiles, où elle est citée comme une femme riche et vertueuse qui abandonne tout pour suivre le Christ), a eu un enfant de Jésus. Cet enfant, élevé en Gaule après que Marie-Madeleine eut débarqué aux Saintes-Maries-de-la-Mer, en Camargue, avec deux autres Marie, va faire souche ; de lui va jaillir la lignée mérovingienne, celle dont Clovis sera le plus brillant rejeton, et qui s'achèvera avec les rois, plus faibles que fainéants, sous la tutelle des maires du palais.

Quant au prieuré de Sion, il trouverait ses origines dans la première croisade. Lorsque Godefroy de Bouillon conquiert de haute lutte la ville de Jérusalem en 1099, il y a encore près de la cité sainte une église, considérée comme la première et la mère de toutes les églises.

Ce bâtiment vénérable est situé sur une éminence dite *colline de Sion*. Godefroy, qui par humilité a refusé le titre de roi de Jérusalem (pour prendre celui de Défenseur du Saint-Sépulcre), fait détruire les vieux bâtiments religieux et ériger une abbaye.

Elle prend le nom de *Notre-Dame de Sion*. D'après la légende, les moines de cette abbaye reçoivent rapidement dans le nouveau royaume de Palestine un pouvoir politique important. Ils facilitent l'accession au trône du frère de Godefroy, Bernard (1100), premier roi de Jérusalem. Plus tard, ces étranges frères auraient été les fondateurs de

Suite page 130

HORIZONTALEMENT

1. Science des tarots divinatoires.
2. Odeur.
3. Pas rapide. – Prénom féminin.
4. Renommée inversée.
5. Démonstratif. – Font des bouchons, mais pas routiers.
6. Teintons en jaune-brun. – Négation.
7. Un pagne de travers. – Sans relief.
8. Romain. – Des reines chahutées.
9. Greffe. – Nanti.

VERTICALEMENT

A. Fax.
B. Continental de l'autre côté de l'Atlantique.
C. Épouse de rajah. – Tête de renard.
D. Métaphysique de l'être.
E. On le donne au chanteur. – Naturaliste suédois (1707-1778).
F. Monnaies d'échange. – Possessif.
G. Alcool anglais. – Canton de Guillaume Tell.
H. Grecques des îles.
I. École de cadres. – Fleuve de capitale.

Grille n° 63

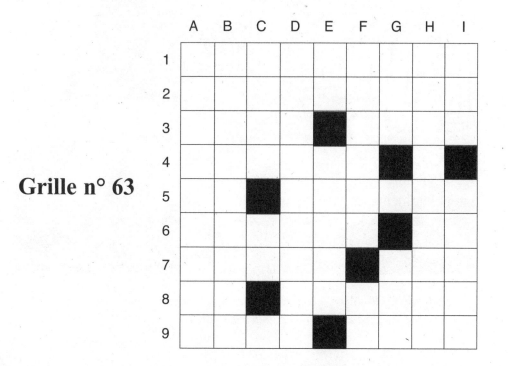

Godefroy de Bouillon, qui a fait ériger à Jérusalem Notre-Dame de Sion
(d'après une carte à jouer du XVIe siècle)…

HORIZONTALEMENT

1. On y prend de quoi priser, ou on la met à la lucarne.

2. Qualifie un mouvement toujours pas trouvé.

3. Automate mythologique qui gardait la Crète. – Souffrance.

4. Courbe fermée.

5. Pays breton. – Corsaire de Louis XIV, mais par vent arrière.

6. Boutons juvéniles. – Lettres d'Aragon.

7. Titane retourné. – On le fait quand il gèle, y compris en Champagne.

8. Abréviation pour parachutistes. – Que dalle de voyelles !

9. Marchepied.

VERTICALEMENT

A. L'ange l'est souvent.

B. Anthologie savante.

C. Entresillons. – Rendez-vous des chefs militaires.

D. Céréales pour le cheval.

E. Incongruités incongrues. – Bal masqué.

F. Amusé à l'envers. – Équilibré.

G. Belle gitane de *Notre-Dame de Paris*.

H. Roue de poulie. – Petite surface.

I. Plante vermifuge qui soignait la folie.

Grille n° 64

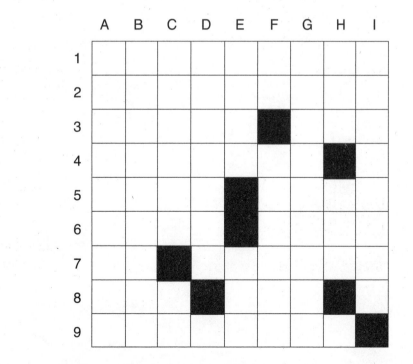

l'ordre des Templiers, société de moines-soldats (installés à l'emplacement du temple de Salomon à Jérusalem) qu'ils auraient imposée au roi Baudouin Ier en échange de leur aide passée. De *pauvres chevaliers du Christ* qu'ils sont au départ, les Templiers vont fonder un empire, et l'ordre va devenir, en deux siècles, le plus riche de la chrétienté.

En 1309, l'Ordre est dissous en France par le pape, dont ils dépendent, sur l'ordre de Philippe le Bel. Les autres pays européens qui abritent des Templiers les intègrent dans d'autres ordres religieux.

Tel le Baucéant, leur drapeau manichéen orné des deux couleurs opposées, le blanc et le noir, les Templiers auraient été dirigés par une double organisation. La première, avec son Grand Maître, s'affirmant exotérique et séculière, la seconde se désignant comme une administration cachée commandée par ce qu'on pourrait appeler des *Supérieurs inconnus*. Le prieuré de Sion aurait été la branche occulte et dirigeante de cet ordre militaro-religieux.

En 1188, aurait eu lieu une scission à Gisors. Malgré les Templiers exterminés par Philippe le Bel et le pape, le prieuré de Sion, clandestin dès ses origines, aurait survécu aux persécutions et aurait eu pour Grands Maîtres, à travers les siècles, des soldats mais aussi des érudits, des poètes et des alchimistes :

Jean de Gisors (1188-1220) / Marie de Saint-Clair (1220-1266) / Guillaume de Gisors (1266-1307) / Édouard de Bar (1307-1336) / Jeanne de Bar (1336-1351) / Jean de Saint-Clair (1351-1366) / Blanche d'Évreux (1366-1398) / Nicolas Flamel (1398-1418) / René d'Anjou (1418-1480) / Yolande de Bar (1480-1483) / Sandro Filipepi (1483-1510) / Léonard de Vinci (1510-1519) / Connétable de Bourbon (1519-1527) / Ferdinand de Gonzague (1527-1575) / Louis de Nevers (1575-1595) / Robert Fludd (1595-1637) / J. Valentin Andrea (1637-1654) / Robert Boyle (1654-1691) / Isaac Newton (1691-1727) / Charles Radclyffe (1727-1746) / Charles de Lorraine (1746-1780) / Maximilien de Lorraine (1780-1801) / Charles Nodier (1801-1844) / Victor Hugo (1844-1885) / Claude Debussy (1885-1918) / Jean Cocteau (1918-1963)…

Liste étonnante, car elle mêle des personnalités très éclectiques.

Suite page 132

HORIZONTALEMENT

1. Manié par le flatteur ou l'enfant de chœur.
2. Pitié. – Poème.
3. Désordres.
4. Vieux et malade. – Qualifie le docteur.
5. Au cou du prêtre.
6. Bonnes sœurs.
7. Saint normand. – Détentions illégales.
8. Pronom. – Imprévisible à l'endroit.
9. Répètes.

VERTICALEMENT

A. Châtrer.
B. Sein enfantin. – L'acteur a le sien.
C. Coupes des Vikings… – Des loisirs limités.
D. Les Saintes sont dans la Bible.
E. Une colline mal inspirée.
F. Pour faire avancer, se vissent dans l'air ou dans l'eau.
G. Dans le couloir. – Roman français médiéval inspiré de Virgile.
H. Reçue, c'est un préjugé. – Pronom féminin.
I. Fit au passé ce que le 9 horizontal fait au présent.

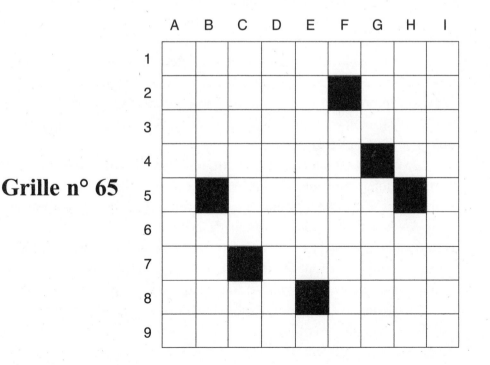

Grille n° 65

Tous sont morts, ce qui rend les vérifications d'autant plus difficiles que le Prieuré est archisecret ! Ce Prieuré de Sion, en fait fondé pour remettre sur le trône de France la lignée mérovingienne qui en avait été chassée (ses membres savaient, bien sûr, d'où elle était issue), aurait poursuivi son cheminement secret sans oublier son objectif premier, raison pour laquelle il aurait été de toutes les frondes, rébellions et révolutions contres les autres familles royales, Carolingiens, Capétiens, Valois, Bourbons…

Car ceux qui ont longtemps cru la lignée mérovingienne éteinte, après que son dernier rejeton eut été tondu et jeté dans un monastère par Pépin le Bref, dont le père Charles Martel, maire du palais, avait réuni sous son autorité la Neustrie et l'Austrasie, se trompent. Dagobert II, roi d'Austrasie, avant d'être assassiné en 679 par Grimoald, son maire du palais, aurait eu une fille, passée à la postérité et canonisée sous le nom de sainte Adèle, et un fils caché né de ses amours avec une certaine Gisèle de Rhedæ (l'ancien nom de Rennes-le-Château).

Sigisbert IV, ce fils, aurait eu des descendants qui se seraient implantés dans la région de Rennes-le-Château. C'est quelques-unes des preuves des origines sacrées de cette lignée que l'abbé Saunière aurait découvertes…

Belle légende, mais totalement dénuée de fondement et de surcroît, récente. En effet c'est en 1956 que Pierre Plantard (1920-2000) dépose à la préfecture de Haute-Savoie les statuts du prieuré de Sion, une association loi 1901. La Constitution dudit Prieuré copie celles des ordres initiatiques de chevalerie.

Avec des comparses qui pratiquent autant l'ésotérisme que la mystification, il fabrique de faux parchemins, se fait passer auprès de journalistes anglais passionnés de paranormal (qui eux se font passer pour des historiens) pour l'héritier de la lignée mérovingienne précédemment évoquée (il a rajouté *de Saint-Clair* à son nom) et finit, grâce à l'ouvrage qu'en tirent les trois ésotéristes d'outre-Manche (paru en France sous le titre *L'Énigme sacrée*), par rendre – presque – crédible une loufoquerie digne des grands mystificateurs du XVIIIe siècle, Cagliostro et autre comte de Saint-Germain…

HORIZONTALEMENT

1. Contraire de l'ancien.
2. Les haires le sont sur la peau.
3. Poissons-globes.
4. Pronom masculin auquel elle a fait une scène… – Sale gosse, quand elle est petite, fléau quand elle est noire.
5. Fortunés.
6. Une saie mal enfilée. – Quel cul !
7. Piquas à l'aveuglette. – Un irrésistible arriviste de Bertolt Brecht.
8. Coquillage en forme de tour.
9. Une bonne neuvaine dans un panier, pour l'omelette…

VERTICALEMENT

A. Aime la nudité.
B. Celui du gnomon de Saint-Sulpice est au bout du rail.
C. Infection qui démange.
D. Département méridional. – On préfère retarder sa dernière.
E. Fabuliste grec. – Oiseau chanteur du confiseur.
F. Appuis. – Coup vainqueur (au tennis).
G. Pronom auquel elle a fait des scènes ? – Duel sans queue ni tête.
H. Bras de pieuvre.
I. Crochet. – Très attachée.

Grille n° 66

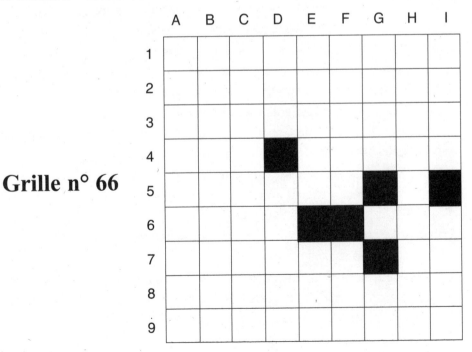

CONSTITUTION DU PRIEURÉ DE SION

Article premier. Il est formé, entre les soussignés de la présente Constitution et les personnes qui y adhéreront par la suite et rempliront les conditions ci-après, un ordre initiatique de chevalerie, dont les us et coutumes reposent sur la fondation faite par Godefroy VI dit le Pieux, duc de Bouillon, à Jérusalem en 1099 et reconnue en 1100.

Article II. L'ordre a pour dénomination : *Sionis Prioratus* ou *prieuré de Sion*.

Article III. Le prieuré de Sion a pour objet de perpétuer l'ordre traditionaliste de chevalerie, de son enseignement initiatique et de créer entre ses membres une mutuelle assistance, tant morale que matérielle en toutes circonstances.

Article IV. La durée du prieuré de Sion est illimitée.

Article V. Le prieuré de Sion fait élection de son bureau représentatif chez son secrétaire général nommé par le convent. Le prieuré de Sion n'est pas une société secrète, tous ses décrets, comme ses actes, et ses nominations sont divulgués au public en texte latin.

Article VI. Le prieuré de Sion comporte 121 membres ; il est ouvert dans cette limite à toutes personnes majeures reconnaissant les buts et acceptant les obligations prévues aux présentes Constitutions. Les membres sont admis sans considération de sexe, de race, de conceptions philosophiques, religieuses ou politiques.

Article VII. Par dérogation, dans le cas où un membre désignerait par un acte l'un de ses descendants pour lui succéder, le convent devra faire droit à cette demande et pourvoir, si nécessaire, en cas de minorité, à l'éducation du sus-désigné.

Article VIII. Le futur membre doit prévoir pour son passage au premier échelon une robe blanche avec cordon, dont les frais d'achat sont à sa charge. À partir de son admission au premier échelon, le membre a droit au vote.

Article IX. Lors de son admission le nouveau membre doit prêter le serment de servir l'ordre en toutes circonstances de sa vie de même que celui d'œuvrer pour la paix et le respect de la vie humaine.

Article X. Le membre doit fournir lors de son admission, un extrait de naissance et faire dépôt de sa signature.

Article XI. Le membre du prieuré de Sion contre lequel une sentence a été promulguée par un tribunal pour délit de droit commun peut être suspendu de ses charges et titres, ainsi que de sa qualité de membre.

Article XII. L'assemblée générale des membres porte le nom de convent. Aucune déclaration du convent ne peut être valable si le nombre des membres présents est inférieur à 81. Le vote, secret, se fait par l'utilisation de boules blanches et noires. Toute proposition pour être adoptée doit obtenir 81 boules blanches. Toute proposition n'ayant pas obtenu au moins 61 boules blanches ne pourra être représentée.

Article XIII. Le convent du prieuré de Sion décide seul et à la majorité de 81 voix sur 121 membres, de toute modification de la Constitution et du règlement intérieur du cérémonial.

Article XIV. Toutes les admissions seront décidées par le *Conseil des treize Rose-Croix*. Les titres et les charges seront décernés par le Grand Maître du prieuré de Sion. Les membres sont admis à vie dans leur fonction. Leurs titres reviendront de plein droit à l'un de leurs enfants désigné par eux-mêmes sans considération de sexe. L'enfant ainsi désigné peut faire acte de renoncement à ses droits, mais ne peut faire cet acte en faveur de frère, sœur, parent ou toute autre personne. Il ne pourra être réintégré dans le prieuré de Sion.

Article XV. Dans les délais de vingt-sept jours pleins, deux frères auront la charge de contacter le futur membre, de recueillir son assentiment ou son renoncement. Faute d'un acte d'acceptation après un délai de réflexion de quatre-vingt-un jours pleins, le renoncement sera reconnu de plein droit et le siège considéré comme vacant.

Article XVI. En vertu du droit héréditaire confirmé par les précédents articles, les charges et les titres de Grand Maître du prieuré de Sion seront transmissibles suivant les mêmes prérogatives à son successeur.

Lors de la vacance du siège de Grand Maître et en cas d'absence de successeur direct, le convent devra dans les quatre-vingt-un jours procéder à une élection.

Article XVII. Tous les décrets doivent être votés par le convent et recevoir validation par le sceau du Grand Maître.

Le secrétaire général est nommé par le convent pour trois ans, renouvelable par tacite reconduction. Le secrétaire général doit avoir le grade de commandeur pour assumer ses fonctions. Les fonctions de charge sont bénévoles.

Article XVIII. La hiérarchie du prieuré de Sion comprend cinq grades :

1) Nautonier (1) 2) Croisé (3) 3) Commandeur (9) 4) Chevalier (27) 5) Écuyer (81). Nautonier et croisés forment *L'arche des treize Rose-Croix*. Commandeurs, chevaliers et écuyers forment *Les neuf commanderies du Temple*.

En tout 121 membres.

Article XIX. Il existe 243 Frères Libres, dits Preux ou depuis l'an 1681 nommés Enfants de Saint-Vincent, qui ne participent ni aux votes ni aux convents, mais auxquels le prieuré de Sion accorde certains droits et privilèges en conformité du décret du 17 janvier 1681.

Article XX. Les ressources du prieuré de Sion se composent des dons et oboles de ses membres. Une réserve dite *Patrimoine de l'Ordre* est constituée par le Conseil des treize Rose-Croix ; ce trésor ne peut être utilisé qu'en cas de nécessité absolue et de danger grave pour le Prieuré et ses membres.

Article XXI. Le convent est convoqué par le secrétaire général lorsque le Conseil des Rose-Croix le juge utile.

Article XXII. Le reniement d'appartenance au prieuré de Sion manifesté publiquement et par écrit, sans cause ni danger pour la personne, entraîne l'exclusion de ce membre qui sera prononcée par le convent.

Texte de la Constitution en XXII articles, conforme à l'original et conforme aux modifications du convent du 5 juin 1956. Signature du Grand Maître : **Jean Cocteau**

Dessin d'architecture de Léonard de Vinci.

Grille n° 1

	A	B	C	D	E	F	G	H	I
1	D	A	■	V	I	N	C	I	■
2	A	N	G	U	L	A	I	R	E
3	N	A	R	C	O	T	I	N	E
4	■	E	U	■	T	U	■	E	■
5	B	R	A	M	E	R	E	N	T
6	R	O	U	I	■	E	M	O	I
7	O	B	■	R	A	L	E	U	R
8	W	I	D	O	R	■	R	■	E
9	N	E	A	N	M	O	I	N	S

Grille n° 2

	A	B	C	D	E	F	G	H	I
1	F	I	B	O	N	A	C	C	I
2	I	S	R	A	E	L	I	E	N
3	L	O	U	I	S	O	N	Z	E
4	A	L	I	■	■	U	O	A	S
5	T	E	S	T	E	E	■	N	P
6	U	M	S	E	N	T	R	N	E
7	R	E	A	L	■	T	U	E	R
8	E	N	G	L	U	E	S	■	E
9	S	T	E	E	N	S	E	N	■

Grille n° 3

	A	B	C	D	E	F	G	H	I
1	B	E	L	P	H	E	G	O	R
2	E	P	I	L	O	G	U	A	I
3	Z	U	T	■	M	U	E	T	S
4	U	R	E	S	■	O	R	■	E
5	F	A	R	C	I	R	E	N	T
6	A	T	I	O	B	■	T	N	T
7	C	I	O	R	A	N	■	S	E
8	H	O	N	I	A	R	A	■	S
9	E	N	S	E	R	R	E	R	■

Grille n° 4

	A	B	C	D	E	F	G	H	I
1	C	H	E	V	A	L	I	E	R
2	R	A	P	I	D	E	S	■	U
3	O	U	I	E	■	N	S	O	B
4	I	T	■	L	O	I	■	S	I
5	S	E	E	L	E	N	N	A	C
6	A	M	N	E	S	I	E	■	O
7	D	E	B	U	T	S	■	O	N
8	E	R	A	R	R	E	F	■	D
9	S	■	O	S	E	R	O	N	S

Grille n° 5

	A	B	C	D	E	F	G	H	I
1	A	L	B	I	G	E	O	I	S
2	N	U	■	D	I	C	T	E	E
3	T	I	M	O	R	E	E	■	S
4	I	S	O	L	O	I	R	S	■
5	M	A	L	A	U	N	A	Y	■
6	O	N	■	T	E	■	I	R	E
7	I	C	E	R	T	E	■	I	S
8	N	E	■	E	T	I	R	E	S
9	E	S	S	S	E	■	U	N	E

Grille n° 6

	A	B	C	D	E	F	G	H	I
1	G	E	O	M	E	T	R	I	E
2	N	A	V	A	R	R	A	I	S
3	O	U	I	S	T	I	T	I	S
4	S	D	N	■	N	E	I	G	A
5	T	H	E	I	E	R	S	■	R
6	I	E	■	O	C	■	S	O	T
7	Q	U	A	S	I	M	O	D	O
8	U	R	I	■	P	E	N	O	N
9	E	E	T	N	E	■	S	N	S

Grille n° 7

	A	B	C	D	E	F	G	H	I
1	A	D	O	R	A	T	I	O	N
2	L	I	P	I	D	E	S	■	A
3	E	L	I	T	I	S	M	E	S
4	X	E	N	O	P	H	O	B	E
5	A	M	I	N	E	E	■	A	A
6	N	M	A	■	U	■	C	R	U
7	D	E	T	A	X	E	R	A	■
8	E	S	R	E	■	P	U	■	E
9	R	■	E	S	S	I	E	U	X

Grille n° 8

	A	B	C	D	E	F	G	H	I
1	S	U	L	P	I	C	I	E	N
2	A	S	I	A	T	I	Q	U	E
3	U	T	E	R	I	N	■	E	T
4	N	E	U	T	R	E	S	■	T
5	I	N	S	O	L	A	■	S	E
6	E	S	E	N	E	S	G	■	M
7	R	I	S	S	■	T	I	R	E
8	E	L	■	■	T	E	T	O	N
9	■	E	N	L	I	S	E	N	T

Grille n° 9

	A	B	C	D	E	F	G	H	I
1	S	A	I	N	T	J	E	A	N
2	O	C	C	U	P	A	N	T	E
3	R	A	I	L	■	C	■	T	C
4	T	R	■	L	A	T	T	E	E
5	I	I	V	I	■	A	I	L	S
6	L	A	I	T	A	N	C	E	S
7	E	T	R	E	S	C	■	S	I
8	G	R	I	S	E	E	S	■	T
9	E	E	L	■	S	S	U	R	E

Grille n° 10

	A	B	C	D	E	F	G	H	I
1	H	E	R	E	T	I	Q	U	E
2	I	N	U	T	I	L	I	S	E
3	E	T	E	R	A	■	A	R	S
4	R	E	S	A	L	E	R	A	I
5	O	R	■	N	■	N	U	E	R
6	D	I	N	G	D	O	N	G	■
7	U	N	I	L	O	B	E	E	S
8	L	E	V	A	S	■	R	■	O
9	E	R	O	S	■	E	T	U	I

Grille n° 11

	A	B	C	D	E	F	G	H	I
1	R	E	C	T	A	N	G	L	E
2	O	P	I	O	M	A	N	E	S
3	S	I	N	G	E	R	I	E	S
4	E	C	N	O	R	■	R	■	A
5	L	U	A	■	I	M	U	O	R
6	I	R	■	L	Q	E	O	U	T
7	G	I	R	O	U	E	T	T	E
8	N	E	I	G	E	S	■	R	E
9	E	N	T	A	S	S	E	E	S

Grille n° 12

	A	B	C	D	E	F	G	H	I
1	D	O	M	I	N	I	Q	U	E
2	O	N	I	R	I	Q	U	E	S
3	L	U	N	E	N	■	E	L	I
4	O	S	E	■	I	A	U	E	O
5	M	I	■	I	V	R	E	■	■
6	I	E	N	N	E	M	■	M	A
7	T	N	A	T	■	E	T	U	I
8	E	N	G	E	A	N	C	E	S
9	S	E	R	R	E	T	E	T	E

Grille n° 13

	A	B	C	D	E	F	G	H	I
1	S	A	I	N	T	P	E	R	E
2	A	F	F	A	I	S	S	E	E
3	C	R	■	R	■	A	T	A	T
4	R	I	S	I	B	L	E	S	■
5	I	C	O	N	E	■	R	S	I
6	L	A	M	E	L	L	E	E	S
7	E	I	M	■	A	U	L	N	E
8	G	N	E	I	S	S	■	E	R
9	E	S	T	E	■	E	R	R	E

Grille n° 14

	A	B	C	D	E	F	G	H	I
1	G	A	R	G	A	N	T	U	A
2	U	S	I	N	E	A	G	A	Z
3	I	S	E	O	■	A	V	E	U
4	L	O	N	G	I	N	■	B	R
5	L	I	■	N	U	■	U	■	E
6	A	F	F	O	L	A	N	T	E
7	U	F	A	T	E	S	■	U	N
8	M	E	N	T	■	A	M	E	N
9	E	S	S	E	N	C	E	■	E

Grille n° 15

	A	B	C	D	E	F	G	H	I
1	I	N	I	M	I	T	I	E	S
2	N	E	G	O	C	I	A	N	T
3	T	O	N	D	E	U	S	E	■
4	E	L	O	U	■	■	O	S	T
5	R	O	B	L	E	S	■	■	R
6	E	G	L	A	N	T	I	N	E
7	S	I	E	N	■	A	N	I	S
8	S	E	S	T	E	R	C	E	S
9	E	S	■	E	X	T	A	S	E

Grille n° 16

	A	B	C	D	E	F	G	H	I
1	A	R	I	M	A	T	H	I	E
2	N	A	T	A	T	O	I	R	E
3	A	D		N	U	L	S		
4	G	I	R	O	U	E	T	T	E
5	R	A	I	L		E	O	N	S
6	A	T	T	E	N	D	R	I	T
7	M	E	U	T	E		I	E	E
8	M	U	E	E		F	E	T	E
9	E	R	L		M	I	N	E	S

Grille n° 17

	A	B	C	D	E	F	G	H	I
1	M	A	D	E	L	E	I	N	E
2	E	L	U	C	U	B	R	E	R
3	S	A	L	U	T	A	I	R	E
4	S	O	C		E	T	A		S
5	A	U	I	T	C	S		R	I
6	L	I	T	A	I		T	O	P
7	I	T	E		E	R	O	D	E
8	N	E		A	N	N	U	E	L
9	E	S		T	S	E	T	S	E

Grille n° 18

	A	B	C	D	E	F	G	H	I
1	P	Y	R	A	M	I	D	E	S
2	E	O	A		I	M	I	T	A
3	N	U	I	S	E	T	T	E	S
4	T	Y	R	O	L	I	E	N	S
5	A	O	E	R		A		D	E
6	C	U		T	S		M	U	N
7	L		B	I	E	R	E		A
8	E	S	U	E	R	E	N	E	G
9	S	O	U	S	T	I	T	R	E

Grille n° 19

	A	B	C	D	E	F	G	H	I
1	C	E	R	E	M	O	N	I	E
2	R	U	I	N	E	R	O	N	T
3	E	P	R	E	U	V	E	S	■
4	S	H	E	R	P	A	■	E	N
5	C	O	■	V	E	L	O	C	E
6	E	R	■	A	L	E	R	T	A
7	N	I	A	N	■	S	I	E	N
8	D	E	T	T	E	■	O	■	T
9	O	S	S	E	M	E	N	T	S

Grille n° 20

	A	B	C	D	E	F	G	H	I
1	A	L	L	A	I	T	E	S	■
2	T	O	U	R	■	I	S	I	S
3	T	I	E	R	C	E	S	■	P
4	E	N	T	O	U	R	A	G	E
5	N	■	T	S	■	C	R	O	C
6	T	U	E	E	■	E	T	U	I
7	I	S	S	U	■	S	A	G	A
8	O	E	■	S	N	■	G	E	L
9	N	E	R	E	I	D	E	S	■

Grille n° 21

	A	B	C	D	E	F	G	H	I
1	D	O	N	A	T	E	U	R	S
2	O	R	O	N	G	E	S	■	O
3	R	T	U	■	I	I	E	E	U
4	Y	O	G	H	O	U	R	T	S
5	P	L	A	I	D	■	A	R	C
6	H	A	T	E	■	E	I	A	H
7	O	N	I	R	O	■	E	V	E
8	R	■	E	■	B	E	N	E	F
9	E	T	R	E	I	N	T	■	S

Grille n° 22

	A	B	C	D	E	F	G	H	I
1	M	A	L	A	D	R	O	I	T
2	A	M	O	U	R	E	U	S	E
3	N	O	I	S	E	U	S	E	S
4	D	I	S	T	A	N	T	E	S
5	A	R	■	E	M	I	A	■	I
6	R	■	U	R	■	R	C	U	T
7	I	N	T	E	R	■	H	N	U
8	N	O	E	■	O	S	I	E	R
9	E	S	S	A	Y	I	S	T	E

Grille n° 23

	A	B	C	D	E	F	G	H	I
1	D	R	A	C	O	N	I	E	N
2	I	O	N	I	S	A	N	T	E
3	A	U	S	T	E	R	I	T	E
4	B	L	E	R	I	O	T	■	S
5	L	E	R	A	R	■	I	E	■
6	E	M	I	T	■	A	E	R	A
7	R	E	N	E	I	G	E	R	A
8	I	N	E	■	M	I	S	E	R
9	E	T	■	M	E	R	■	R	E

Grille n° 24

	A	B	C	D	E	F	G	H	I
1	B	A	I	S	E	M	A	I	N
2	A	V	O	I	S	I	N	E	E
3	R	I	N	G	A	R	D	E	S
4	C	A	■	N	U	A	I	■	T
5	E	T	R	E	■	B	N	S	O
6	L	E	I	■	E	■	U	R	
7	O	U	A	I	L	L	E	S	■
8	N	R	I	S	E	L	■	E	O
9	E	S	T	E	R	E	L	■	R

Grille n° 25

	A	B	C	D	E	F	G	H	I
1	B	E	A	T	I	T	U	D	E
2	O	C	■	A	M	I	C	A	L
3	S	L	O	O	P	■	E	T	E
4	T	A	N	■	E	L	L	E	C
5	O	T	E	■	R	I	■	R	T
6	N	A	R	R	A	T	E	U	R
7	I	N	E	U	T	■	M	■	O
8	E	T	U	D	I	A	I	■	D
9	N	E	X	■	F	E	R	M	E

Grille n° 26

	A	B	C	D	E	F	G	H	I
1	C	A	R	A	V	A	G	E	■
2	L	U	I	S	A	N	T	E	S
3	A	T	T	E	S	T	E	N	T
4	P	O	U	P	E	E	S	■	R
5	O	G	A	■	■	R	■	G	E
6	T	E	L	E	V	I	S	A	S
7	A	R	I	E	G	E	O	I	S
8	N	E	S	■	A	U	L	N	E
9	T	R	A	V	E	R	S	E	S

Grille n° 27

	A	B	C	D	E	F	G	H	I
1	A	R	A	B	E	S	Q	U	E
2	M	I	N	U	S	C	U	L	E
3	E	P	U	R	■	A	I	M	R
4	N	O	R	E	■	B	E	E	R
5	U	S	I	N	A	I	T	■	E
6	I	T	E	■	M	E	U	R	T
7	S	E	■	M	E	U	D	O	N
8	E	R	P	U	■	S	E	T	E
9	R	A	S	A	D	E	S	■	■

Grille n° 28

	A	B	C	D	E	F	G	H	I
1	P	O	R	T	E	F	A	I	X
2	O	T	O	R	■	A	N	N	E
3	R	O	M	A	N	C	I	E	R
4	T	R	E	N	C	H	■	S	E
5	E	H	■	S	■	E	A	■	S
6	M	I	N	C	E	U	R	S	■
7	I	N	C	R	U	S	T	E	R
8	N	O	M	I	N	E	S	■	U
9	E	S	■	S	I	S	■	G	E

Grille n° 29

	A	B	C	D	E	F	G	H	I
1	C	O	U	L	E	U	V	R	E
2	O	I	S	E	L	L	E	■	X
3	L	L	U	P	■	A	N	E	T
4	I	L	E	T	S	■	I	O	R
5	M	E	L	E	C	A	S	S	E
6	A	S	■	S	I	■	E	I	M
7	C	■	E	■	E	A	■	N	I
8	O	N	C	E	■	G	U	E	T
9	N	O	U	R	R	I	S	S	E

Grille n° 30

	A	B	C	D	E	F	G	H	I
1	D	A	G	O	B	E	R	T	■
2	E	L	I	M	I	N	A	I	T
3	T	I	R	E	L	I	G	N	E
4	E	M	O	T	I	V	E	S	■
5	C	E	N	T	■	R	U	■	R
6	T	N	D	R	E	A	S	S	E
7	I	T	I	E	■	N	E	U	F
8	V	E	N	■	■	N	T	■	R	U
9	E	R	E	M	I	S	T	E	S

Grille n° 31

	A	B	C	D	E	F	G	H	I
1	H	O	T	E	L	R	I	T	Z
2	A	B	A	S	O	U	R	D	I
3	R	E	■	I	I	■	R	A	B
4	P	I	O	N	N	I	E	R	E
5	O	S	S	E	T	E	S	■	L
6	N	S	■	V	A	L	O	S	I
7	N	E	O	■	I	L	L	O	N
8	E	N	T	E	N	D	U	■	E
9	E	T	A	G	E	R	E	■	S

Grille n° 32

	A	B	C	D	E	F	G	H	I
1	P	O	S	T	U	L	A	N	T
2	I	D	E	O	L	O	G	I	E
3	E	E	N	I	M	L	U	F	■
4	R	U	T	■	■	A	I	E	R
5	R	R	I	E	A	■	C	■	O
6	E	■	M	M	■	C	H	O	U
7	U	M	E	A	N	I	E	N	S
8	S	O	N	N	E	R	■	O	S
9	E	N	T	A	M	E	U	S	E

Grille n° 33

	A	B	C	D	E	F	G	H	I
1	M	A	N	U	S	C	R	I	T
2	A	M	A	D	O	U	E	R	A
3	L	A	■	C	U	I	V	R	E
4	E	Z	E	■	C	■	E	E	L
5	F	O	U	T	O	I	R	S	■
6	I	N	T	R	U	S	I	O	N
7	C	I	E	■	P	A	F	■	I
8	E	E	S	T	E	■	I	E	D
9	S	N	■	U	S	U	E	L	S

Grille n° 34

	A	B	C	D	E	F	G	H	I
1	L	A	N	G	U	E	D	O	C
2	E	P	E	R	V	I	E	R	E
3	O	P	I	O	M	A	N	E	S
4	N	E	G	U	S	■	T	E	S
5	A	N	E	S	■	L	I	S	A
6	R	D	U	E	S	■	S	■	T
7	D	I	S	S	E	R	T	A	I
8	O	C	E	■	U	T	E	R	O
9	■	E	S	I	L	A	S	A	N

Grille n° 35

	A	B	C	D	E	F	G	H	I
1	O	B	E	L	I	S	Q	U	E
2	L	O	U	I	S	C	I	N	Q
3	I	N	I	■	S	E	U	I	U
4	V	A	L	L	O	N	N	E	E
5	A	P	P	A	R	A	T	■	S
6	I	A	■	V	■	R	■	P	T
7	S	R	U	E	S	I	V	E	R
8	O	T	R	U	■	O	I	S	E
9	N	E	C	R	O	S	E	E	S

Grille n° 36

	A	B	C	D	E	F	G	H	I
1	M	I	N	O	T	E	R	I	E
2	O	D	I	E	U	S	E	S	■
3	N	E	■	U	E	T	S	■	N
4	A	N	E	V	R	I	S	M	E
5	S	T	■	R	■	M	A	I	N
6	T	I	R	E	L	A	I	N	E
7	E	T	E	T	E	■	S	E	T
8	R	E	S	T	R	E	I	N	T
9	E	S	T	E	■	A	R	T	E

Grille n° 37

	A	B	C	D	E	F	G	H	I
1	C	A	R	R	O	U	S	E	L
2	A	R	T	E	R	I	O	L	E
3	L	A	O	N	■	L	U	■	P
4	A	M	A	S	S	E	R	A	I
5	B	E	E	E	E	■	D	U	O
6	R	E	S	I	G	N	E	N	T
7	A	N	■	G	U	E	■	A	E
8	I	N	I	N	I	■	M	I	S
9	S	E	R	E	A	■	R	E	■

Grille n° 38

	A	B	C	D	E	F	G	H	I
1	P	R	O	M	E	S	S	E	S
2	O	I	S	E	L	E	U	S	E
3	E	T	E	T	E	U	R	S	■
4	T	A	R	I	■	R	E	E	R
5	E	P	I	S	S	A	S	■	O
6	S	■	A	S	■	T	T	O	U
7	S	I	T	A	B	■	I	N	A
8	E	C	■	G	E	M	M	A	I
9	S	I	R	E	N	I	E	N	S

Grille n° 39

	A	B	C	D	E	F	G	H	I
1	E	V	A	N	G	I	L	E	S
2	N	O	D	U	L	A	I	R	E
3	C	L	O	T	U	R	E	N	T
4	O	U	S	R	■	I	V	E	S
5	U	B	■	I	U	T	E	■	■
6	R	I	S	T	O	U	R	N	E
7	A	L	O	I	■	O	■	O	R
8	G	I	R	O	N	S	■	C	I
9	E	S	E	N	E	■	F	E	E

	A	B	C	D	E	F	G	H	I
1	D	E	N	U	E	M	E	N	T
2	O	P	I	N	I	O	N		O
3	U	A	T			I	R	E	S
4	C	U	R	I	O	S	I	T	E
5	E	L	I	T	E	S		E	I
6	R	E	F	U	S	O	N	S	
7	E	T	I	R		N	U	I	T
8	U	T	E	R	U	S		E	O
9	X	E	R	E	S		O	N	C

Grille n° 40

Grille n° 41

	A	B	C	D	E	F	G	H	I
1	B	E	N	J	A	M	I	N	
2	A	L	I	E	N	A	N	T	E
3	L	E	V	U		T	G		P
4	I	V	A	N		R	R	A	I
5	V	A	L	E	R	I	A	N	E
6	E	T		S	E	C	T	E	S
7	R	E	U	S	S	I	E	S	
8	N	U		E	O	D	S	S	E
9	E	R	O	S		E		E	N

	A	B	C	D	E	F	G	H	I
1	B	O	H	E	M	I	E	N	S
2	O	N	A	N	I	S	M	E	
3	N	I	B		N		I	O	U
4	I	R	I	S	E	R	O	N	T
5	M	I	T	O	R	I			E
6	E	Q	U	I	V	A	U	T	
7	N	U	A	G	E		C	A	R
8	T	E	N	N		E	T	R	E
9	A	S	T	E	R	O	I	D	E

Grille n° 42

Grille n° 43

	A	B	C	D	E	F	G	H	I
1	P	R	I	N	C	E	S	S	E
2	O	U	T	I	L	L	E	U	R
3	U	B	O	■	I	I	N	C	V
4	T	E	R	R	E	S	T	R	E
5	R	O	■	S	N	E	E	A	I
6	E	L	I	■	T	N	N	■	M
7	L	E	V	R	E	T	T	E	■
8	L	U	I	T	■	■	■	O	U
9	E	X	I	L	E	R	O	N	T

Grille n° 44

	A	B	C	D	E	F	G	H	I
1	S	E	M	I	N	A	I	R	E
2	E	P	I	L	O	G	U	E	R
3	R	O	N	I	E	R	■	M	E
4	V	U	I	■	L	E	L	B	I
5	I	S	S	U	■	S	I	O	N
6	L	E	T	T	E	S	■	U	T
7	I	R	E	■	P	I	T	R	E
8	T	A	R	D	I	V	E	S	■
9	E	S	E	■	S	E	M	E	E

Grille n° 45

	A	B	C	D	E	F	G	H	I
1	L	O	N	G	I	T	U	D	E
2	I	D	E	O	L	O	G	I	E
3	M	O	D	E	L	I	■	O	N	S
4	O	R	A	L	U	■	L	A	I
5	U	A	■	E	S	P	I	T	R
6	S	N	O	T	O	■	N	O	■
7	I	T	I	T	I	T	■	I	T
8	N	E	F	E	R	T	A	R	I
9	E	S	■	S	E	T	I	E	R

Grille n° 46

	A	B	C	D	E	F	G	H	I
1	F	A	R	A	N	D	O	L	E
2	E	V	E	N	T	A	I	R	E
3	L	E	S	T	E	■		S	O	■
4	I	N	T	R	O	N	I	S	A
5	C	E	R	E	S	■	L	A	M
6	I	M	E	■		B	L	■	U
7	T	E	I	N	D	R	O	N	S
8	A	N	N	E	■	A	N	G	E
9	I	T	T	■	A	S	S	I	S

Grille n° 47

	A	B	C	D	E	F	G	H	I
1	N	A	U	T	O	N	I	E	R
2	O	T	O	R	R	A	G	I	E
3	M	A	C	A	I	R	E	■	S
4	A	H	■	V	E	R	T	E	S
5	D	U	■	A	N	E	S	S	E
6	I	A	R	I	T	■	■	A	R
7	S	L	A	L	O	M	E	U	R
8	E	P	I	L	N	O	S	■	E
9	R	A	L	E	S	■	T	U	S

Grille n° 48

	A	B	C	D	E	F	G	H	I
1	T	O	I	S	O	N	D	O	R
2	O	B	S	C	U	R	I	T	E
3	T	E	L	E	R	A	D	I	O
4	E	D	A	N	S	■	E	T	R
5	M	I	N	E	■	N	R	E	I
6	I	E	D	S	P	■	O	S	E
7	S	N	A	■	A	P	T	■	N
8	M	C	I	■	P	A	■	P	T
9	E	E	S	S	A	R	B	M	E

Grille n° 49

	A	B	C	D	E	F	G	H	I
1	S	A	T	A	N	I	S	M	E
2	O	P	A	C	I	F	I	E	R
3	L	O	U	R	D	■	M	U	E
4	U	C	R	A	E	R	U	T	S
5	T	R	E	■	R	A	L	E	■
6	R	Y	A	N	■	T	A	S	S
7	E	P	U	R	A	■	C	■	S
8	E	H	■	F	R	E	R	E	S
9	N	E	P	E	R	I	E	N	S

Grille n° 50

	A	B	C	D	E	F	G	H	I
1	A	G	R	I	P	P	I	N	E
2	R	O	U	L	O	T	T	E	S
3	R	U	S	E	R	A	■	T	S
4	A	R	S	■	C	H	U	T	E
5	N	M	U	E	E	■	R	E	F
6	G	A	L	I	P	E	T	T	E
7	E	N	E	R	I	■	I	E	R
8	E	D	■	E	C	I	C	■	I
9	S	E	N	S	■	L	A	I	T

Grille n° 51

	A	B	C	D	E	F	G	H	I
1	V	E	N	E	R	A	B	L	E
2	A	L	I	T	E	M	E	N	T
3	L	E	D	A	■	N	E	■	E
4	E	C	O	L	I	E	R	E	S
5	N	T	■	A	N	S	■	P	■
6	T	O	N	■	V	I	C	H	Y
7	I	R	O	N	I	Q	U	E	S
8	N	A	■	E	T	U	I	S	■
9	O	L	E	■	A	E	R	E	S

	A	B	C	D	E	F	G	H	I
1	P	A	R	A	C	H	U	T	A
2	O	V	U	L	A	I	R	E	S
3	R	O	I	T	E	L	E	T	S
4	C	I	S	E	N	E	█		O
5	E	S	S	E	█	S	█	P	R
6	L	I	E	R	A	█	C	I	T
7	E	N	A	█	R	I	R	A	I
8	T	E	U	F	T	E	U	F	█
9	S	E	X	I	S	T	E	S	█

Grille n° 52

	A	B	C	D	E	F	G	H	I
1	B	O	G	O	M	I	L	E	S
2	E	L	I	M	I	N	E	R	A
3	S	E	V	I	C	E	S	█	S
4	T	I	R	S	█	E	S	U	S
5	I	C	E	█	U	S	I	N	A
6	A	O	R	T	E	█	V	I	F
7	I	L	O	T	█	U	A	█	R
8	R	E	N	I	I	N	G	A	A
9	E	S	T	O	N	I	E	N	S

Grille n° 53

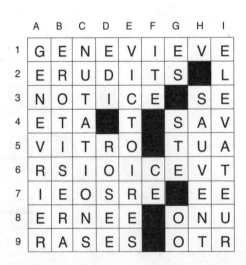

	A	B	C	D	E	F	G	H	I
1	G	E	N	E	V	I	E	V	E
2	E	R	U	D	I	T	S	█	L
3	N	O	T	I	C	E	█	S	E
4	E	T	A	█	T	█	S	A	V
5	V	I	T	R	O	█	T	U	A
6	R	S	I	O	I	C	E	V	T
7	I	E	O	S	R	E	█	E	E
8	E	R	N	E	E	█	O	N	U
9	R	A	S	E	S	█	O	T	R

Grille n° 54

Grille n° 55

	A	B	C	D	E	F	G	H	I
1	E	C	O	R	C	H	U	R	E
2	L	U	T	H	E	R	I	E	N
3	E	C	O	O	L	■	■	P	C
4	C	U	L	D	E	F	O	U	R
5	T	R	■	A	S	I	A	T	E
6	O	B	E	N	■	N	U	E	E
7	R	I	G	I	D	I	T	E	S
8	A	T	R	E	■	E	S	■	■
9	L	E	O	N	I	N	E	■	■

Grille n° 56

	A	B	C	D	E	F	G	H	I
1	F	A	R	N	I	E	N	T	E
2	I	D	E	A	L	I	S	E	R
3	N	U	L	L	E	S	■	L	I
4	I	L	I	A	D	E	■	E	G
5	S	T	E	N	O	S	A	G	E
6	T	E	U	■	■	T	L	U	R
7	E	R	S	E	S	■	E	E	E
8	R	I	E	M	A	N	N	■	N
9	E	N	S	A	C	H	E	N	T

Grille n° 57

	A	B	C	D	E	F	G	H	I
1	N	U	M	E	R	A	I	R	E
2	E	N	A	M	O	U	R	E	R
3	S	I	C	A	I	R	E	S	■
4	T	C	■	I	T	E	S	S	S
5	C	O	L	L	E	S	■	E	U
6	E	L	U	■	L	■	D	N	J
7	P	O	S	T	E	R	I	T	E
8	A	R	E	U	T	■	O	I	T
9	S	E	M	E	S	T	R	E	S

Grille n° 58

	A	B	C	D	E	F	G	H	I
1	S	O	U	P	I	R	A	N	T
2	O	C	C	I	T	A	N	I	E
3	U	C		R	E	T	O	R	S
4	R	U	D	O	Y	E	R		T
5	D	R	E	U		R	E	V	E
6	M	E		E	N	A	X	O	R
7	U	N	I	T		S	I	M	A
8	E	C	O	T	S		E	I	
9	T	E	L	E	V	I	S	E	E

Grille n° 59

	A	B	C	D	E	F	G	H	I
1	T	E	M	P	L	I	E	R	S
2	O	P	A	L	I	S	E	R	A
3	C	I	R	A	G	E	S		H
4	A	P	O	T	R	E	S		A
5	N	H	T		E		E	R	R
6	T	A	T	E			R	O	I
7	I	N	E	T	E	N	D	U	E
8	N	I		A	C	H	E	E	N
9	S	E	C	T	A	I	R	E	S

Grille n° 60

	A	B	C	D	E	F	G	H	I
1	M	A	L	A	T	E	S	T	A
2	A	V	A	L	A	N	C	H	E
3	R	O	M	A	N	C	I	E	R
4	T	R	E	S		R	E	A	I
5	E	T	L		R	A		T	E
6	L	E	L	E		T	A	R	N
7	E	U	E	T		Z	A	N	
8	U	S	E	E	S		U	L	E
9	R	E	S	T	A	U	R	E	S

Grille n° 61

	A	B	C	D	E	F	G	H	I
1	A	L	L	E	G	O	R	I	E
2	P	O	U	L	I	N	A	N	T
3	H	U	R	L	E	E	S	■	O
4	R	E	E	E	■	R	E	C	U
5	O	U	T	■	S	E	U	O	R
6	D	R	T	A	■	U	S	R	D
7	I	■	E	M	I	S	E	■	I
8	T	P	■	E	D	E	■	R	E
9	E	M	B	R	A	S	S	E	S

Grille n° 62

	A	B	C	D	E	F	G	H	I
1	C	O	R	N	E	I	L	L	E
2	A	M	O	I	N	D	R	I	R
3	M	B	T	■	E	O	V	E	
4	P	E	U	R	■	A	E	R	A
5	A	L	L	E	L	U	I	A	■
6	G	L	I	■	E	X	■	I	F
7	N	E	E	L	■	■	P	S	I
8	O	■	N	E	U	T	R	O	N
9	L	E	S	B	I	E	N	N	E

Grille n° 63

	A	B	C	D	E	F	G	H	I
1	T	A	R	O	L	O	G	I	E
2	E	M	A	N	A	T	I	O	N
3	L	E	N	T	■	A	N	N	A
4	E	R	I	O	L	G	■	I	■
5	C	I	■	L	I	E	G	E	S
6	O	C	R	O	N	S	■	N	E
7	P	A	E	G	N	■	U	N	I
8	I	I	■	I	E	S	R	E	N
9	E	N	T	E	■	A	I	S	E

Grille n° 64

	A	B	C	D	E	F	G	H	I
1	T	A	B	A	T	I	E	R	E
2	U	N	I	V	E	R	S	E	L
3	T	A	L	O	S	■	M	A	L
4	E	L	L	I	P	S	E	■	E
5	L	E	O	N	■	T	R	A	B
6	A	C	N	E	■	A	A	R	O
7	I	T	■	S	A	B	L	E	R
8	R	E	P	■	L	L	D	■	E
9	E	S	C	A	B	E	A	U	■

Grille n° 65

	A	B	C	D	E	F	G	H	I
1	E	N	C	E	N	S	O	I	R
2	M	E	R	C	I	■	O	D	E
3	A	N	A	R	C	H	I	E	S
4	S	E	N	I	L	E	■	E	S
5	C	■	E	T	O	L	E	■	A
6	U	R	S	U	L	I	N	E	S
7	L	O	■	R	E	C	E	L	S
8	E	L	L	E	■	E	A	L	A
9	R	E	S	S	A	S	S	E	S

Grille n° 66

	A	B	C	D	E	F	G	H	I
1	N	O	U	V	E	A	U	T	E
2	A	B	R	A	S	I	V	E	S
3	T	E	T	R	O	D	O	N	S
4	U	L	I	■	P	E	S	T	E
5	R	I	C	H	E	S	■	A	■
6	I	S	A	E	■	■	U	C	L
7	S	Q	I	U	P	A	■	U	I
8	T	U	R	R	I	C	U	L	E
9	E	E	E	E	E	E	E	E	E

TABLE DES MATIÈRES

Aubin Imprimeur
LIGUGÉ, POITIERS

Reproduit et achevé d'imprimer en mai 2006
N° d'édition 06068 / N° d'impression L 69919
Dépôt légal, juin 2005
Imprimé en France

ISBN 2-7434-5393-1